Jürgen Kuczynski
Das Gleichgewicht
der Null

ZUR KRITIK DER BÜRGERLICHEN IDEOLOGIE

31

HERAUSGEGEBEN VON MANFRED BUHR

JÜRGEN KUCZYNSKI

Das Gleichgewicht der Null

Zu den Theorien des Null-Wachstums

AKADEMIE-VERLAG
BERLIN
1973

„. . . bürgerliche oder sozialistische Ideologie. Ein Mittelding gibt es hier nicht (denn eine ‚dritte' Ideologie hat die Menschheit nicht geschaffen, wie es überhaupt . . . niemals eine außerhalb der Klassen und über den Klassen stehende Ideologie geben kann). Darum bedeutet *jede* Herabminderung der sozialistischen Ideologie, jedes *Abschwenken* von ihr zugleich eine Stärkung der bürgerlichen Ideologie."

Lenin

Vorbemerkung des Herausgebers

Der revolutionäre Charakter des Marxismus-Leninismus als einer Wissenschaft des Kampfes, *des Klassenkampfes,* impliziert die kontinuierlich geführte prinzipielle Auseinandersetzung mit allen Erscheinungsformen der bürgerlichen und revisionistischen Ideologie. So gesehen, ist der *ideologische Klassenkampf* ein unabdingbarer Bestandteil der im *Kommunistischen Manifest* wissenschaftlich begründeten welthistorischen Mission des Proletariats. Der Kampf der Arbeiterklasse unter Führung ihrer marxistisch-leninistischen Partei verlangt dergestalt zur Durchführung der sozialistischen Revolution, zur Errichtung ihrer politischen Herrschaft, der Diktatur des Proletariats, und zur erfolgreichen Gestaltung der sozialistischen und kommunistischen Gesellschaft nicht nur die politische und ökonomische, sondern ebensosehr die konsequente ideologische und theoretische Entmachtung der Bourgeoisie.

Anliegen der Reihe *Zur Kritik der bürgerlichen Ideologie* ist es deshalb, die verschiedenen Erscheinungsformen der bürgerlichen und revisionistischen Ideologie der kritischen, das heißt der marxistisch-leninistischen Analyse zu unterziehen und in diesem Prozeß die prinzipiellen Positionen des Marxismus-Leninismus zu festigen. In sie wurde die kritische, die historischen Grenzen markierende Behandlung des humanistischen ideologischen Erbes der progressiven Bourgeoisie einbezogen, um die Tendenz seiner Verwirklichung, seiner Weiter- und Höherentwicklung im Prozeß der Gestaltung der sozialistischen Gesellschaft aufzuweisen und es gegen seine falschen Nachkommen, die Ideologen der imperialistischen Bourgeoisie, zu verteidigen,

Bei der Durchführung des Anliegens der Reihe sind sich Autoren und Herausgeber der optimistischen Mahnung von *Marx* bewußt:

„Die Arbeiterklasse verlangt keine Wunder . . . Sie hat keine fix und fertigen Utopien . . . Sie weiß, daß, um ihre eigne Befreiung und mit ihr jene höhere Lebensform hervorzuarbeiten . . ., daß sie, die Arbeiterklasse, lange Kämpfe, eine ganze Reihe geschichtlicher Prozesse durchzumachen hat, durch welche die Menschen wie die Umstände gänzlich umgewandelt werden. Sie hat keine Ideale zu verwirklichen."

Und: „Im vollen Bewußtsein ihrer geschichtlichen Tendenz und mit dem Heldenschluß, ihrer würdig zu handeln, kann die Arbeiterklasse sich begnügen, zu *lächeln* gegenüber den plumpen Schimpfereien der Lakaien von der Presse wie gegenüber der lehrhaften Protektion wohlmeinender Bourgeoisiedoktrinäre, die ihre unwissenden Gemeinplätze und Sektierermarotten im Orakelton wissenschaftlicher Unfehlbarkeit abpredigen."

Manfred Buhr

Inhalt

Einleitung

Zur philosophischen Situation seit 1900

Lenin charakterisiert den Kapitalismus im Stadium des Imperialismus als faulend, parasitär, verwesend, sterbend. Gleichzeitig aber stellt er fest, daß Produktion und Technik sich schneller als zuvor entwickeln. Offensiv, aggressiv und expansiv ist der Imperialismus, doch ist seine Ideologie zugleich defensiv, apologetisch.

Der schnelle Fortschritt in Produktion und Technik steigert nur die Widersprüche des ganzen gesellschaftlichen Systems, vertieft nur seine Krise – ebenso, wie seine besondere Aggressivität auch ein Ausdruck der Angst, die Expansionswut auch eine Reaktion auf die ständige Einengung seines Herrschaftsgebiets durch den Befreiungskampf der Völker ist.

Wenn William Faulkner in seiner Rede beim Empfang des Nobelpreises ehrlich besorgt, aber falsch verallgemeinernd, erklärte: „Die Tragödie unserer Zeit ist eine allgemeine, die ganze Welt beherrschende Angst", so ist das nur eine verzerrte Widerspiegelung der Situation des Monopolkapitals, die natürlich bewußt gerade zu Aggressionszwecken von eben diesem Monopolkapital als Situation der Menschheit in seinem Imperium propagiert wird, um sie zum Angriff auf den Sozialismus zu hetzen: Befreiung von der Angst durch Aggression gegen den Befreier von der Angst. Und wenn Carl Zuckmayer meint: „Was ist denn die Wirklichkeit dieser Weltlage für uns, die heute in der Gegenwart steht? Für die große Mehrheit ist sie ein Alptraum", dann gilt das gleiche: Alptraum des Monopolkapitals angesichts des ständigen Wachstums der Kräfte des Sozialismus – Übertragung dieser Angst auf die „öffentliche Meinung" durch Manipulation und Vorspiegelung der Möglichkeit der Befreiung von dem Alptraum durch Aggression gegen die Befreier vom Alptraum.

Auf die Philosophie speziell bezogen schildert Wolfgang Heise diese Situation so:

„Das bürgerliche philosophische Krisenbewußtsein ist ein Reflex der wachsenden inneren Labilität und des ‚Sterbens' des Kapitalismus als Imperialismus, ist inadäquates aufdämmerndes Bewußtsein seiner zunächst heranreifenden, dann akuten Endkrise und ein unmittelbares Bewußtwerden und Ausdruck der ideologischen Krise der Bourgeoisie. Es reflektiert dabei die materiellen Prozesse über die Formen des Überbaus, über die verschiedenen Formen des gesellschaftlichen Bewußtseins, über die unmittelbare Erfahrung und spezifische Rezeption der ‚sozialen Psychologie' der Klasse. Seinem Gehalt nach und seiner tiefsten Problematik nach ist es ein Aufdämmern, ein unvermeidlich inadäquates Bewußtwerden der historischen Perspektivlosigkeit und Ohnmacht der Bourgeoisie als Klasse.

Vielschichtig und vielgestaltig ist die Art und Weise, in der die ‚Krise' als Not zum Problem wird, in der sie die theoretische Gestalt der erkannten Unzulänglichkeit tradiierter philosophischer Grundlagen und Methoden, historischer Konzeptionen und sozialer Modelle, weltanschaulicher Perspektiv-, Wert- und Zusammenhangskonzeptionen annimmt, in der ein Widerspruch zwischen einst selbstverständlichen Normen und Überzeugungen und den neuen geschichtlichen Erfahrungen, sowie im fortschreitenden Prozeß die immer erneute Unzulänglichkeit der zur Lösung dieses Widerspruchs produzierten Konzeptionen in theoretischer wie praktischer Beziehung bewußt wird. Solche Widersprüche sind an sich Grundlage aller philosophischen Entwicklung – allgemein gesehen, hier jedoch erhalten sie einen spezifischen Inhalt: sie werden erfahren und in der Illusion zu lösen versucht vom Standpunkt der Sicherung und Erhaltung der bürgerlichen Gesellschaft gegenüber dem historischen Prozeß ihres Untergehens, gegenüber dem Aufsteigen der neuen Welt des Sozialismus. Der Schein des philosophischen Fortschreitens ist in Wirklichkeit die Regression der historischen Defensive."[1]

„Der Schein des philosophischen Fortschreitens ist in Wirklichkeit die Regression der historischen Defensive"! Der Fortschritt in Produktion und Technik findet Ausdruck in der Verschärfung der Krise – die Aggressivität ist die Apologetik eines in die historische Defensive getriebenen Systems!

„Vielschichtig und vielgestaltig ist die Art und Weise, in der die ‚Krise' als Not zum Problem wird, in der sie theoretische Gestalt . . . annimmt." Doch gleichzeitig gilt, woran Lukács so erinnert: „Lenin hatte schon im ‚Empiriokritizismus' gezeigt, daß die verschiedenen, individuellen, wütend verteidigten und angegriffenen erkenntnistheoretischen Professoren-Nuancen bis zur Ununterscheidbarkeit verblassen, wenn man sie von der Warte der wirklich entscheidenden Frage der Erkenntnistheorie: Idealismus oder Materialismus? betrachtet. Dies gilt in gesteigertem Maße für die heutigen ideologischen Probleme. Wer etwa seine Aufmerksamkeit auf die wirklich entscheidenden Fragen der Weltanschauung richtet, wird in dem – auf den ersten Blick – unübersehbaren Chaos der individuellen Nuancen der heutigen Philosophie eine erschreckend konformistische Monotonie wahrnehmen . . . Genauso ist die Lage in der Ethik, in der Geschichtsauffassung, in der Stellung zur Gesellschaft, in der Ästhetik. Und natürlich auch in der Literatur und Kunst selbst."[2] Muß man aber heute, unter den Weltverhältnissen der Existenz eines ständig wachsenden Systems des Sozialismus, nicht noch viel weiter gehen und sagen: Alle, scheinbar noch so verschiedenen, Philosophien des zum Untergang verurteilten Systems des staatsmonopolistischen Kapitalismus, ganz gleich ob idealistisch oder materialistisch, sind nur Nuancen einer verzweifelten und verzweifelnden antimarxistischen Apologetik?

Im „Kommunistischen Manifest" analysieren Engels und Marx: „Die bürgerlichen Produktions- und Verkehrsverhältnisse, die bürgerlichen Eigentumsverhältnisse, die moderne bürgerliche Gesellschaft, die so gewaltige Produktions- und Verkehrsmittel hervorgezaubert hat, gleicht dem Hexenmeister, der die unterirdischen Gewalten nicht mehr zu beherrschen vermag, die er heraufbeschwor. Seit Dezennien ist die Geschichte der Industrie und des Handels nur die Geschichte der Empörung der modernen Produktivkräfte gegen die modernen Produktionsverhältnisse, gegen die Eigentumsverhältnisse, welche die Lebensbedingungen der Bourgeoisie und ihrer Herrschaft sind. Es genügt, die Handelskrisen zu nennen, welche in ihrer periodischen Wiederkehr immer drohender die Existenz der ganzen bürgerlichen Gesellschaft in Frage stellen."[3]

Aus den „Handelskrisen" – eine Formulierung, die Marx und

Engels bald durch den Ausdruck Überproduktionskrisen ersetzten – ist im Imperialismus die Allgemeine Krise des Kapitalismus geworden, und die Hexenmeister des Monopolkapitals sind gegenüber den heute noch viel gewaltigeren Produktions- und Verkehrsmitteln noch viel hilfloser geworden, als sie es 1848 waren.

Schon 1912 schrieb Walther Rathenau: „Die Entfesselung der Mechanik hat jede Schranke niedergeworfen. Der Teil der menschlichen Tätigkeit in zivilisierten Ländern, der weder direkt noch indirekt der Produktion und ihrem Schutze dient, ist klein geworden. Die mechanisierte Produktion hat sich zum Selbstzweck erhoben . . .

Wir müssen anerkennen, daß niemals, so lange die irdische Menschheit besteht, eine Weltstimmung so einheitlich einen so ungeheuren Kreis von Wesen beherrscht hat, wie die mechanistische. Ihre Macht scheint unentrinnbar, denn sie beherrscht die Produktionsquellen, die Produktionsmethoden, die Lebensmächte und die Lebensziele.“[4]

„Die Mechanik“ hat sich der Gewalt des Hexenmeisters entzogen und sich „zum Selbstzweck“ erhoben! Und die Macht der Mechanik scheint „unentrinnbar“.

Ähnlich hilflos, doch noch viel allgemeiner als Rathenau äußert sich Dilthey in seiner nachgelassenen „Weltanschauungslehre“, in der es heißt: „So gestaltet sich die Lebenserfahrung verschieden in den Einzelnen. Ihren gemeinsamen Untergrund in allen bilden die Anschauungen von der Macht des Zufalls, der Korruptibilität von allem, was wir besitzen, lieben oder auch hassen und fürchten, und von der beständigen Gegenwart des Todes, der allgewaltig für jeden von uns Bedeutung und Sinn des Lebens bestimmt.“[5]

Dem verhexten Zaubermeister, dem sich seine Geschöpfe entzogen haben, die er nicht mehr beherrscht, müssen deren Bewegungen allerdings als Zufall erscheinen – was ich nicht beherrsche, ist entweder Fatum oder Zufall oder beides. Alles unterliegt der „Korruptibilität“ – Besitz, Liebe, Haß –, denn alles ist letztlich parasitär. Und der ständige Begleiter im Leben ist der Tod – wie könnte es auch anders in einer sterbenden Gesellschaft sein!

So schon zu Beginn der Allgemeinen Krise des Kapitalismus, vor dem ersten Weltkrieg!

Noch viel stärker wächst die Unsicherheit zwischen den beiden Weltkriegen. Jaspers schreibt: Es „ist heute ein spezifisches Gefühl der Ohnmacht da: der Mensch weiß sich gefesselt an den Gang der Dinge, die er zu lenken für möglich hielt. . . . Der Strudel des modernen Daseins macht, was eigentlich geschieht, unfaßbar. Ihm nicht entrinnend an ein Ufer, das eine reine Betrachtung des Ganzen zuließe, treiben wir im Dasein wie in einem Meere. Der Strudel bringt zutage, was wir nur sehen, wenn wir in ihm mitgerissen werden."[6]

Das „Gefühl der Ohnmacht" wird von den verschiedenen Philosophen in der verschiedensten Weise spezifiziert: Ohnmacht gegenüber dem „Dämon Technik", Ohnmacht gegenüber der „Organisation und Bürokratie", Ohnmacht gegenüber den „Massen" und damit auch gegenüber einer „Überfüllung der Welt".

Wir dürfen nicht vergessen, daß Engels und Marx im „Kommunistischen Manifest" nicht nur gezeigt haben, wie das Kapital mehr und mehr die Herrschaft über die Produktions- und Verkehrsmittel verlor. Das Kapital hat die Gewalt auch über ein ganz spezifisches eigenes Produkt verloren, von dem Engels und Marx so dort sprechen: Die Bourgeoisie „produziert vor allem ihre eigenen Totengräber. Ihr Untergang und der Sieg des Proletariats sind gleich unvermeidlich."[7]

Das wachsende Bewußtsein der Werktätigen von ihrer gesellschaftlichen Position wird in der Monopolphilosophie reflektiert auch als „Aufstand der Massen". Und dabei sei doch, wie José Ortega y Gasset bemerkt, der diese Formulierung 1929 geprägt hat, festzustellen: „Da die Massen ihrem Wesen nach ihr eigenes Dasein nicht lenken können noch dürfen und noch weniger imstande sind, die Gemeinschaft zu regieren, ist damit gesagt, daß Europa heute in einer der schwersten Krisen steht, die über Völker, Nationen, Kulturen kommen kann. Eine Krisis solcher Art ist mehr als einmal in der Geschichte eingetreten. Ihre Kennzeichen und Folgen sind bekannt. Sie heißt der Aufstand der Massen."[8]

Überall dringen die Massen ein! Ortega y Gasset möchte das so klarmachen: „Wir nähern uns dieser historischen Erscheinung vielleicht am besten, wenn wir uns auf eine visuelle Erfahrung stützen und einen Zug unserer Zeit herausheben, der ‚mit Augen zu sehen' ist. Er ist leicht aufzuweisen, wenn auch nicht leicht zu analysieren; ich nenne ihn die Tatsache der Anhäufungen, der Überfüllung. Die Städte sind überfüllt mit Menschen, die Häuser mit Mietern, die Hotels mit Gästen, die Züge mit Reisenden, die Cafés mit Besuchern; es gibt zu viele Passanten auf der Straße, zu viele Patienten in den Wartezimmern berühmter Ärzte; Theater und Kinos, wenn sie nicht ganz unzeitgemäß sind, wimmeln von Zuschauern, die Badeorte von Sommerfrischlern. Was früher kein Problem war, ist es jetzt unausgesetzt: einen Platz zu finden."[9]

Nach dem zweiten Weltkrieg wird „die Dämonie von Wissenschaft und Technik" geradezu zum „ureigenen Merkmal unserer Kultur"[10], und Eduard Spranger kommentiert die allgemeine Losung „Forschung tut not": „Wir wissen aber gar nicht mehr, zu welchem wertvollen Endzweck sie not tut."[11] Auch die Wissenschaft, auch die Forschung sind der Gewalt des Hexenmeisters entglitten. Und entsprechend weiß niemand mehr, wozu sie noch da sind und wohin sie sich bewegen. Welch Weltbild der Anarchie und Hilflosigkeit!

Kein Wunder, daß schließlich Karl Löwith auf dem 7. Kongreß für Philosophie in München 1962 zum Thema „Verhängnis des Fortschritts" sprach.

Verhängnis des Fortschritts!

Und aus dieser Idee des „Verhängnisses des Fortschritts", kombiniert mit der Vorstellung der „Überfüllung der Welt" mit Menschen und Maschinen, mit Waren und Werten und Wissen hat sich eine „neue" Philosophie entwickelt: die Philosophie des „Goldenen Zeitalters", ein Zeitalter ohne Fortschritt, da alles reichlich, überreichlich vorhanden wäre.

Gunther S. Stent, der bekannte amerikanische Genetiker, bemerkt in seinem Buch über „Die Ankunft des Goldenen Zeitalters": „Da aber das Streben nach Macht über die feindliche Natur seinem Ziel nahekommt, da der technische Fortschritt, den die Anwendung der wissenschaftlichen Forschung ermöglichte, alle Bedrohung der menschlichen Existenz durch Hunger, Kälte und Krankheit zunichte macht, scheint weitere wissenschaftliche Forschung an einen Punkt gelangt zu sein, wo sie einen immer mehr abnehmenden Ertrag liefert. So erscheint es also möglich, daß ein Schwinden des gegenwärtig großen gesellschaftlichen Interesses an der Unterstützung der Wissenschaften eintreten könnte." Der „faustische Mensch" in seinem Streben nach Wissen und Macht hat so viel Erfolg gehabt, daß er ökonomische und manch andere Sicherheit erreicht hat, also weiterer Fortschritt nicht mehr möglich ist . . .[12]

Und Bentley Glass schilderte in seiner Abschiedsadresse als Präsident der American Association for the Advancement of Science am 28. Dezember 1970 das Goldene Zeitalter als „das Zeitalter vollendeter Erkenntnis, allseitiger Angewandtheit dieser Erkenntnis sowie sozialer Stagnation und Saturiertheit".[13]

Viele Varianten der Theorie, daß die Menschheit im ganzen zurückgeschritten sei, gibt es seit 5000 Jahren. Viele Theorien, daß die Menschen stetig voranschreiten, gibt es seit den ersten Anfängen der bürgerlichen Gesellschaft. Erst der Kapitalismus in seinem Untergangsstadium aber hat die groteske Theorie entwickelt, daß es nun aber genug mit dem Fortschritt sei, da alles Entscheidende erreicht sei bzw. weiterer Fortschritt nur Unglück bringen könne –

und das in einer Welt, in der Hunderte von Millionen Menschen in materiellem und kulturellem Elend leben – hungernde Analphabeten!

Ende des Fortschritts durch Stillstand – als Losung! welch absurde Form der Apologetik eines sterbenden Systems . . .

bei gleichzeitig stetigen Aggressionsakten gegen die Gemeinschaft der sozialistischen Länder, ständigen Offensiven in die Territorien der Entwicklungsländer sowie Vorbereitung der Besetzung des Mondes durch die Militärs!

Ist das Dialektik oder Epileptik des sterbenden Kapitalismus?

Zur ökonomischen Lage und Theorie seit 1950[14]

Die dialektische Kombination von Aggressivität aus Schwäche in der Politik des Monopolkapitals wird besonders deutlich in den 20 Jahren von 1950 bis 1969, in denen eine größere Steigerung der Industrieproduktion in den meisten führenden imperialistischen Ländern ein Gefühl der Stärke und die weit größere Steigerung des Wirtschaftspotentials der sozialistischen Länder gleichzeitig ein Gefühl der Schwäche gibt. Das Resultat ist der kalte Krieg des Monopolkapitals gegen den Sozialismus. Das Resultat ist eine offensive politökonomische Theorie des

Wachstums, verbunden mit einer defensiven Theorie der Erhaltung des wirtschaftlichen Gleichgewichts, das heißt der Apologetik des Hexenmeisters, der so gern im Balance-Akt zaubern möchte.

Blicken wir auf die konkrete Situation:

Nachdem in Westeuropa die schlimmsten Auswirkungen des Krieges beseitigt waren, folgten zwei Jahrzehnte, in denen die Industrieproduktion weit stärker stieg als in den zwei Jahrzehnten zwischen dem ersten und dem zweiten Weltkrieg.

Jährliche Zuwachsrate der Industrieproduktion in den entwickelten kapitalistischen Ländern

1921–1938	2,3 %
1951–1960	5,0 %
1961–1969	5,7 %

Natürlich gab es während der Jahre von 1951 bis 1969 in diesem oder jenem Land zyklische Überproduktionskrisen, gab es Währungskrisen hier und dort und andere Wirtschaftsschwierigkeiten. Doch läßt sich nicht bestreiten, daß das Wachstumstempo der Industrieproduktion mehr als doppelt so hoch war wie zwischen den beiden Weltkriegen. Es ähnelte mehr dem Tempo, das vor dem ersten Weltkrieg üblich war.

Voller Begeisterung über diese Wandlung in der Situation – zunächst vor allem verursacht durch den Nachholebedarf nach dem Weltkrieg in Investitionen und Häuserbau und dann durch die Intensivierung der Rüstungsproduktion – wandten sich die Politökonomen des Kapitals der Frage zu: Wie kann man die Produktion immer schneller steigern und so den imperialistischen Konkurrenten schlagen? Und ebenso entwickelte sich unter den Politökonomen ein Wettstreit, wer die mathematischste Wachstumstheorie mit den schönsten Modellen entwickeln könnte. Mit Recht schrieb Herbert Meißner in seinem Buch über die „Theorie des Wirtschaftswachstums“: „Die bürgerliche Wachstumstheorie ist bekanntlich nicht eine Theorie neben mehreren anderen, nicht eine ideologische Strömung neben anderen – sie ist seit etwa fünfundzwanzig Jahren zu einem wesens- und strukturbestimmenden Bestandteil der bürgerlichen politischen Ökonomie geworden. Es gab in den letzten Jahrzehnten kein spezielles Gebiet der bürgerlichen Wirtschaftswissenschaft und keinen speziellen Fragenkomplex, der nicht unter dem Gesichtspunkt der wachstumstheoretischen Fragestellung neu durchdacht worden wäre. Kein bürgerlicher Ökonom, der etwas auf sich hielt, hat darauf verzichtet, sich irgendwann und irgendwie wachstumstheoretisch zu versuchen."[15]

Ohne das Wachstum der Industrieproduktion in diesen beiden Jahrzehnten hätten sich die Wachstumstheorien nicht so entwickeln können – ein Wachstum, für das selbstverständlich nicht die Wachstumstheoretiker, sondern die objektiven ökonomischen Verhältnisse (Nachholebedarf, Rüstungen) verantwortlich waren. Die Politökonomen saßen auf einer emporsteigenden Welle und glaubten, durch Philosophieren über die Welle sie noch höher treiben zu können.

Aber kein getreuer Politökonom des Monopolkapitals kann auf einer Welle sitzen, ohne dauernd besorgt nach links zu schielen, nach links, wo die Länder des Sozialismus eine neue Welt aufbauen. Mit Recht schreibt einer der führenden Wachstumstheoretiker, Gottfried Bombach: „Ohne Zweifel hätte die wachstumstheoretische Forschung nicht jenen stürmischen Aufschwung genommen, wären nicht zwei andere politische Momente hinzugekommen: die Herausforderung des Ostens und das Problem der Entwicklungsländer."[16] Die „Herausforderung des Ostens" ist das weit schnellere und gesunde Wachstum der Industrieproduktion in den sozialistischen Ländern. Das „Problem der Entwicklungsländer" ist die Frage: wie kann man sie am profitreichsten neokolonialisieren?

Wir sehen, wie abhängig die Entwicklung der politökonomischen Theorie von den jeweiligen Erfordernissen der kapitalistischen Gesellschaft ist. Hatte doch schon Marx auf folgenden historischen Zusammenhang aufmerksam gemacht:

1825: erste große „Empörung" der Produktivkräfte gegen die herrschenden Produktionsverhältnisse.

1830: „Die Bourgeoisie hatte in Frankreich und England politische Macht erobert. Von da an gewann der Klassenkampf, praktisch und theoretisch, mehr und mehr ausgesprochne und drohende Formen."[17]

Und nun die Folgen für die Politische Ökonomie: „Es läutete die Totenglocke der wissenschaftlichen bürgerlichen Ökonomie. Es handelte sich jetzt nicht mehr darum, ob dies oder jenes Theorem wahr sei, sondern ob es dem Kapital nützlich oder schädlich, bequem oder unbequem, ob polizeiwidrig oder nicht. An die Stelle uneigennütziger Forschung trat bezahlte Klopffechterei, an die Stelle unbefangener wissenschaftlicher Untersuchung das böse Gewissen und die schlechte Absicht der Apologetik."[18]

Böses Gewissen und schlechte Absicht der Apologetik hatten die Theorie von der Freien Marktwirtschaft, später von der Sozialen Marktwirtschaft unter den Bedingungen des staatsmonopolistischen Kapitalismus zur Entwicklung gebracht.

Böses Gewissen und schlechte Absicht der Apologetik ließen in den fünfziger und sechziger Jahren die Wachstumstheorien wuchern: böses Gewissen und schlechte Absicht der Apologetik einmal gegenüber der Vergangenheit, gegenüber den Jahren zwischen den beiden Weltkriegen; böses Gewissen und schlechte Absicht der Apologetik aber vor allem gegenüber dem echten und ständigen Wachstum der Produktion in den sozialistischen Ländern.

Nie darf man vergessen, daß seit dem Aufbau einer sozialistischen Gesellschaft die Apologetik des Kapitals stets in zwei Richtungen verläuft: Apologetik für die Zustände im Innern des Landes und Apologetik für die Zustände in der kapitalistischen gegenüber der sozialistischen Welt. –

Wenn aber auch in den fünfziger und sechziger Jahren die Industrieproduktion weit stärker stieg als in der Zeit zwischen den beiden Weltkriegen, so hatten Monopolkapital und Politökonomen trotzdem stets ein Gefühl der Unsicherheit. Bald stiegen die Preise so, daß sich inflationistische Tendenzen entwickelten, bald gestaltete sich die Außenwirtschaftsbilanz so ungünstig, daß die Währung ins Schwanken geriet, bald stieg die Arbeitslosigkeit stärker an – nicht in allen Ländern, sondern einmal in diesem und dann in jenem.

Man hatte das Gefühl – „Hexenmeisterkomplex"! –, „die Sache nicht im Griff zu haben". Das „magische Viereck" – steigende Produktion bei stabilen Preisen, ausgeglichener Zahlungsbilanz und Vollbeschäftigung – blieb magisch, ein Rätsel, das nicht befriedigend für das Kapital gelöst werden konnte. In einer detaillierten Studie der Schwankungen dieser vier Faktoren in der Geschichte der Bundesrepublik heißt es abschließend:

„Die Geschichte der wirtschaftlichen Tatsachen zeigt:

Erstens: die vier Faktoren, die das Magische Viereck konstituieren – Beschäftigung, Preise, Produktion und Außenwirtschaftssaldo – unterlagen jeder starken Schwankungen, bewegten sich jeder bald stark, bald wenig, bald nach oben, bald nach unten, bewegten sich also irregulär und unstet. Von einer Steuerung oder Regulierung ihrer Bewegungen kann keine Rede sein.

Zweitens: Wenn schon von einer Steuerung oder Regulierung irgendeines der vier Faktoren nicht die Rede sein kann, dann erst recht nicht von einer Koordinierung ihrer Bewegungen, von einer Entmagisierung des Magischen Vierecks, von einer Kombination steter Wachstumsrate der Produktion, Vollbeschäftigung, Preisstabilität und ausgeglichener Außenwirtschaft." [19]

Die Politökonomen des Monopolkapitals erhielten also den Auftrag, sich mit der Lösung des Problems des Magischen Vierecks zu beschäftigen, und auch hier schoß in den Nachkriegsjahrzehnten eine Theorie nach der anderen aus dem Sumpfboden der kapitalistischen Wirtschaft.

Jedoch beobachten wir dabei eine interessante Entwicklung: mehr und mehr Politökonomen kamen zu der Auffassung, daß sich das Problem nicht lösen lasse. So erklärte etwa der führende amerikanische Politökonom Paul Samuelson, daß sich Preisstabilität nur erreichen lasse, wenn die Arbeitslosigkeit in den USA 5–6 Prozent betrage [20] – andernfalls würde es den Arbeitern wegen der Verknappung auf dem Arbeitsmarkt gelingen, zu hohe Lohnsteigerungen durchzusetzen, was zu Preissteigerungen führen würde. Zu einem ähnlichen Prozentsatz der Arbeitslosigkeit als „Voraussetzung für Preisstabilität" kam A. W. Phillips für England.[21]

Die Suche nach Mitteln zur Entmagisierung des Vierecks, nach Mitteln, ein Gleichgewicht für die kapitalistische Wirtschaft herzustellen, wie wir es, jedem sichtbar, in der sozialistischen Wirtschaft finden, scheiterte also nicht nur, sondern wurde schnell verwandelt in die Suche nach Mitteln der Wirtschaftspolitik, die geeignet wären, den Werktätigen durch ökonomische Schwächung ihrer Klassenkampfposition den Kampf um höhere Löhne zu erschweren. –

Als dann 1969 und in den ersten siebziger Jahren die Preise international, in allen kapitalistischen Ländern, so stark stiegen, daß die Inflation offen ausbrach, da gab man die Suche nach einer Lösung des „Rätsels des Magischen Vierecks" ganz auf.

Schon 1967 hatte der Geldtheoretiker Hahn geschrieben: „Man wird in der Tat zwar zugeben müssen, daß der Versuch, die Konjunktur zu verewigen, d. h. jeden ernsten Rückschlag zu vermeiden, gelingen kann. Aber da jeder neue Konjunkturanstieg nicht, wie früher, von einem ermäßigten, sondern im Gegenteil von einem erhöhten Preis- und Lohnniveau ausgeht, kann dies nur auf Kosten des Geldwertes gelingen. Ewige Hochkonjunktur ist identisch mit ewiger Inflation."[22]

Natürlich wird auch eine „ewige Inflation" im Kapitalismus keine „ewige Hochkonjunktur" bringen. Aber eine solche Äußerung zeigt doch in aller Klarheit das allmähliche Scheitern der bürgerlichen Theorie, eine Lösung für das Magische Viereck zu finden, die zwar falsch sein muß, aber doch geeignet sein könnte, wenigstens zeitweise sich selbst und möglichst viele andere zu betrügen.

An die Stelle der Suche nach der Lösung des Rätsels des Magischen Vierecks trat die erneute Entwicklung der uralten Lohn-Preis-Spiralentheorie, mit der sich schon Marx herumschlagen mußte, und die seitdem nicht wahrer geworden ist (auch wenn sie heute bisweilen in wesentlich komplizierterer Form vorgetragen wird). Denn auch bei Preis- und Produktivitätsstabilität führt ein höherer Lohn nicht zu einer Wertsteigerung des Produkts, sondern nur zur Senkung des Anteils der unbezahlten Arbeit und damit des Profits, was wahrlich kein Unglück vom Standpunkt des Arbeiters ist. Bei steigenden Preisen und steigender Produktivität aber sind steigende Löhne eine unabdingliche Notwendigkeit, um den absoluten Lebensstandard der Arbeiter zu halten und den relativen Standard nicht allzusehr absinken zu lassen, um der Steigerung der Ausbeutungsrate wenigstens teilweise Einhalt zu gebieten.

Heute entwickelt sich ganz eindeutig die Theorie der Politökonomen des Monopolkapitals in folgender Richtung: Anerkennung der Notwendigkeit steigender Arbeitslosigkeit – bisweilen formuliert als „Abbau der Überbeschäftigung" – zur Schwächung der Klassenkampfposition der Arbeiterklasse, um sie an der Durchsetzung von Lohnforderungen zu verhindern, die wenigstens den Preissteigerungen entsprechen. Auf solche Weise will man die Inflation wieder „in den Griff bekommen".

Und das in einer Zeit, in der sich eine entscheidende Wendung in der gesamten Wirtschaftslage der imperialistischen Länder vollzogen hat, in der, wie es gar nicht falsch die Politökonomen des Kapitals nennen, Stagflation herrscht. Stagflation ist Stagnation der Produktion und Inflation der Preise.

Die entscheidende Wendung in der Wirtschaftsentwicklung der imperialistischen Länder seit dem Ende der sechziger Jahre deutet die folgende Tabelle an:

Zuwachsrate der Industrieproduktion in den entwickelten kapitalistischen Ländern	
1961–1969	5,7 %
1968–1969	8,0 %
1969–1972	2,6%

Mit dem größeren Wachstum ist es zu Ende. Es scheint so, als ob die siebziger Jahre wieder denen zwischen den beiden Weltkriegen ähnlich werden.

Und so wandelt sich auch der Inhalt der bürgerlichen Theorien. Wir kennen noch nicht alle Irrwege, die sie beschreiten werden. Aber einige Anzeichen liegen schon vor. Da ist der soeben vermerkte Wandel in der Behandlung des Magischen Vierecks: wenn man schon kein Gleichgewicht herstellen kann, dann soll das Ungleichgewicht wenigstens eine ständige Steigerung der Profite garantieren.
Die Wachstumstheorien aber scheinen sich in Stillstandstheorien zu verwandeln. Es wird ein Ideal des „Null-Wachstums" aufgestellt.

Schlußbemerkung

Wie in der Philosophie so sind wir auch in der Politischen Ökonomie beim Goldenen Zeitalter angelangt.

Aber natürlich hat das Goldene Zeitalter seine verschiedensten Aspekte.

Die Monopole wünschen kein Goldenes Zeitalter im Sinne von Saturiertheit und Nullwachstum für Profite und Rüstungen, für den Kampf gegen das Proletariat im Innnern und die sozialistischen Länder nach außen.

Die Monopole haben nichts gegen das Goldene Zeitalter als Apologetik für ein rapides Absinken der wirtschaftlichen Zuwachsraten.

Die Monopole haben nichts gegen das Goldene Zeitalter als Lebensphilosophie, wenn es eine Wendung von der Steigerung materieller Werte in der Lebenshaltung (die ja steigende Reallöhne erfordert) zur Intensivierung „innerer Werte“ wie Religion, Sex, Fernsehen (die die Monopole nichts kosten) beinhaltet. Forderte doch schon entsprechend der Präsident der Kommission der Europäischen Gemeinschaften Sicco Mansholt nach dem Studium eines Null-Wachstums-Buches „eine starke Reduzierung des Pro-Kopf-Konsums materieller Güter zugunsten immaterieller und ideeller Güter“.[23]

Doch darf man das Goldene Zeitalter natürlich nicht in erster Linie als eine vom Monopolkapital produzierte Theorie ansehen. Es versucht Gebrauch von ihr zu machen, sie in gewisser Weise auszunutzen, sie in gewisser Weise zu fördern. Es wäre aber falsch zu glauben, daß das Monopolkapital zwar nicht in der Lage ist, die Wirtschaft zu meistern, wohl aber die Ideologien.

Die meisten Ideologien sind das wirre Resultat wirrer Lebensumstände, die letztlich das Resultat des Wirkens der ökonomischen Gesetze in einer anarchischen Wirtschaft voll tiefster Widersprüche sind. Darum finden wir unter den Vertretern der Theorie des Null-Wachstums auch zahlreiche Ideologen, denen „die ganze Gesellschaft bis zum Halse steht“. „Noch mehr Gesellschaft“ – und sie befürchten ersticken zu müssen. Jedes weitere Wachstum, jeder Grad „mehr Überfüllung“ – und sie befürchten erdrückt zu werden.

Ganz ehrlich sind sie gegen das „ganze System“. Aber da sie nicht den Weg des Sozialismus sehen, sind sie für einen dritten Weg. Und da es keinen dritten Weg gibt, entwickeln sie die verschiedensten Vorstellungen von dritten Wegen. Einer der tausend dritten Wege, die man vorgezeichnet hat, ist der Weg des Nullwachstums ins Goldene Zeitalter – ein Weg, der heute mehr und mehr Anhänger findet.

1930 erschien der erste Band von Robert Musils Roman „Der Mann ohne Eigenschaften“. So manche Menschen sehnen sich heute nach einer „Gesellschaft ohne Eigenschaften“ – Reaktion auf eine Gesellschaft voll so gräßlicher Eigenschaften wie die des Imperialismus.

Nirwana, ein Sein im Nichts, in der Null, im Stillstand als rettender Ausweg aus der wild wuchernden Fäulnis eines sterbenden Gesellschaftssystems!

I. Wo Null-Wachstum bereits praktiziert wird

1929 schrieb Ortega y Gasset von der „Wohlstandsgesellschaft" seiner Zeit:

„Welchen Aspekt bietet das Leben den Menschenmengen, die das 19. Jahrhundert in immer steigender Fülle erzeugte? Zunächst den einer durchgängigen materiellen Unbeschwertheit. Niemals hat der Durchschnittsmensch sein ökonomisches Problem in solcher Muße lösen können. Während die großen Vermögen verhältnismäßig zurückgingen und das Leben des Industriearbeiters härter wurde, öffnete sich der wirtschaftliche Horizont für den Durchschnittsmenschen immer freier. Immer neue Luxusgewohnheiten nahm er in seinen Lebensstandard auf; immer sicherer und von fremder Willkür unabhängiger wurde seine Stellung. Was man vorher als eine Gnade des Schicksals angesehen hätte, die in demütiger Dankbarkeit hingenommen wurde, betrachtete man jetzt als ein Recht, für das man nicht dankt, das man fordert.

Seit 1900 beginnt auch der Arbeiter sein Leben sicherer zu gestalten. Doch muß er darum kämpfen. Ihm wird das Wohlleben nicht wie den Mittelklassen von einer Gesellschaft und einem Staat, die ein Wunder an Organisation sind, fürsorglich vor die Füße gelegt.

Dieser wirtschaftlichen gesellt sich die physische Sicherheit und Mühelosigkeit: der Komfort und die öffentliche Ordnung. Das Leben läuft auf glatten Schienen, Erschütterungen und Gefahren sind unwahrscheinlich.

Bei einer so freien, unbeengten Lebenslage mußte notwendig in die tiefsten Schichten jener Durchschnittsseelen ein Lebensgefühl einsickern, das sich mit einer anmutigen und treffenden Wendung unseres alten Volkes ausdrücken ließe: ancha es Castilla, groß ist Kastilien. In all diesen elementaren und entscheidenden Ordnungen lag das Leben völlig hindernislos vor dem neuen Menschen. Die ganze Tragweite dieser Tatsache wird klar, wenn man bedenkt, daß eine solche Lebensfreiheit dem gemeiner Mann vergangener Epochen vollkommen abging. Ihm war im Gegenteil das Leben – wirtschaftlich wie physisch – ein drückendes Schicksal. Er erlebte es von Geburt an als eine Kette von Hemmungen, die hingenommen werden mußten; es gab keine andere Möglichkeit, als sich ihnen zu beugen, sich in der Enge, die sie ließen, einzurichten."[24]

Überall herrscht materielles Wohlsein – auch wenn der Arbeiter im Gegensatz zu den Mittelklassen ein bissel kämpfen muß, weil ihm „das Wohlleben nicht fürsorglich vor die Füße gelegt" wird. Aber was bedeutet schon diese „kleine Unbequemlichkeit" für ihn gegenüber der Tatsache, daß auch er jetzt ein Wohlleben führen darf! Im gleichen Jahre 1929 brach dann die größte zyklische Überproduktionskrise aus, die die Geschichte des Kapitalismus kannte, und Dutzende von Millionen Menschen wurden zu Hunger und Arbeitslosigkeit verurteilt. War schon das Bild, das Ortega y Gasset 1929 zeichnete, eine völlige Verzerrung der Wirklichkeit, eine verlogene Provokation, so mußte es ein Jahr später als Produkt des Wahns eines Irren erscheinen. –

Lange vor dem Kopf empört sich der Magen des Menschen gegen das Elend seiner Lage. „Der Mensch ist, was er ißt" sagt man vereinfachend. –

Wie hat sich das Essen der Menschheit in den letzten hundertundfünfundzwanzig Jahren entwickelt?

Betrachten wir zunächst die Grundzahlen:

Weltbevölkerung und Nahrungsmittelproduktion (1850 bis 1970)[25]

Jahr	*Weltnahrungsmittelproduktion* Index	Prozent Steigerung	*Weltbevölkerung* Index	Prozent Steigerung
1850	100	–	100	–
1860	114	14	107	7
1870	139	22	115	7
1880	175	26	122	7
1890	205	18	129	6
1900	254	24	138	6
1910	303	19	149	8
1920	325	7	158	6

Jahr	*Weltnahrungsmittelproduktion*		*Weltbevölkerung*	
	Index	Prozent Steigerung	Index	Prozent Steigerung
1930	420	29	177	12
1940	436	4	196	11
1950	483	11	215	10
1960	608	26	257	19
1970	733	26	310	21

Die Wachstumsrate der Bevölkerung blieb sich etwa gleich von 1850 bis 1920, verdoppelte sich nach dem ersten Weltkrieg und stieg erneut auf das Zweifache nach dem zweiten Weltkrieg.

Die sich aus Bevölkerungswachstum und Steigerung der landwirtschaftlichen Nahrungsmittelproduktion ergebende Entwicklung der Nahrungsmittelproduktion pro Kopf der Weltbevölkerung war:

Nahrungsmittelproduktion pro Kopf der Weltbevölkerung
(1850 bis 1870, 1850 = 100)

Jahre	Index	Prozent Steigerung
1850/1870	110	10
1860/1880	124	13
1870/1890	142	15
1880/1900	163	15
1890/1910	183	12
1900/1920	198	8
1910/1930	216	9
1920/1940	222	3
1930/1950	228	3
1940/1960	229	0
1950/1970	235	3

Während der zweiten Hälfte des 19. Jahrhunderts stieg die Pro-Kopf-Produktion nicht unbeachtlich. Mit dem Beginn des Imperialismus geht die Zuwachsrate schnell zurück. Nach dem ersten Weltkrieg ist sie nur noch ganz gering. Von 1940 bis 1960 haben wir Null-Wachstum. Von 1960 bis 1971 gab es wieder eine ganz geringe Steigerung, für 1972 stellen wir wieder Null-Wachstum fest!

Die Nahrungsmittelproduktion kommt nicht recht mit dem Wachstum der Bevölkerung mit? In vielen Entwicklungsländern ist es so.

Wie aber ist die Situation in den imperialistischen Ländern?

Untersuchen wir die Verhältnisse in den Vereinigten Staaten, dem bei weitem größten Nahrungsmittelproduzenten unter den imperialistischen Ländern.

Bebautes Land seit dem zweiten Weltkrieg (1000 acres)

Jahre	Mais	Weizen	Gerste	Insgesamt
1946/50	75 711	70 312	10 853	156 876
1951/60	68 542	55 265	12 548	136 355
1961/70	56 845	49 610	10 395	116 850

Um mehr als ein Viertel ist die Anbaufläche der wichtigsten für den Nahrungsmittelkonsum bestimmten Getreidearten im letzten Vierteljahrhundert zurückgegangen!

Nicht ganz so schlimm sieht es mit der Produktion pro Kopf aus:

Erntemengen seit dem zweiten Weltkrieg (Millionen Bushel)

Jahre	Mais	Weizen	Gerste	Insgesamt	Pro Kopf der Bevölkerung 1946/55 = 100
1946/50	2 808	1 185	281	4 274	100
1951/60	3 128	1 127	366	4 621	95
1961/70	3 981	1 332	401	5 714	101

Rückgang der Anbauflächen – Null-Wachstum pro Kopf der Bevölkerung!

Und wie ist doch die Produktivität in der Landwirtschaft der USA gestiegen!

Produktivität in der amerikanischen Landwirtschaft	
1946/50	100
1951/60	155
1961/70	288

Fast verdreifacht hat sich die Arbeitsleistung pro Beschäftigten und Stunde! Wie stark hätte die Erntemenge pro Kopf steigen können, wenn nicht die landwirtschaftliche Nutzfläche dauernd gesenkt worden wäre!

Warum die dauernde Schmälerung der Anbaufläche?

Den Grund kann jeder „ganz leicht" verstehen. Wenn die Anbaufläche unverändert bliebe oder gar steigen würde, dann würde ja die Pro-Kopf-Produktion von Nahrungsmitteln steigen – ja und dann könnte man sie nur zu sinkenden oder zumindest nicht zu dauernd steigenden Preisen absetzen – und dann könnten die Profite der Monopole, die heute einen großen Teil der Farmen und praktisch die ganze Nahrungsmittelindustrie beherrschen, sinken!

Also Null-Wachstum in der Landwirtschaft zu Zwecken der Profiterhaltung und Profitsteigerung – in einer Welt, in der Hunderte von Millionen Menschen an Nahrungsmittelmangel leiden!

Wie aber kommt es, daß die Anbauflächen in einer ungeplanten Wirtschaft dauernd zurückgehen?

Wieder „ganz einfach". Während in früheren Jahrhunderten Regierungen bisweilen Prämien für gesteigerte Produktion aussetzten, setzt die amerikanische Regierung Prämien für nicht bebauten Boden aus!

Wie nannte Lenin den Imperialismus? parasitär! – und gibt es ein schlagenderes Beispiel für die Ideologie und „Moral" des Parasitismus als die Bezahlung nach der Nicht-Leistung, als die Prämiierung von landwirtschaftlich nicht genutztem Boden, als die Tatsache, daß man in einer Welt, die überaus dringend steigender Nahrungsmittelmengen bedarf, eine Prämie dafür erhält, daß man den Boden nicht bearbeitet, nicht sät und nicht erntet!

Ja, wir sind schon so weit, daß Null-Wachstum nicht mehr nur eine Ideologie an der Welt des Kapitals verzweifelnder Intellektueller ist, die keine Zukunft, keine Horizonte, keine höher gesteckten Ziele mehr sehen. Nein, Null-Wachstum ist bereits eine seit Jahrzehnten geübte Praxis in der Landwirtschaft des größten imperialistischen Landes, der Vereinigten Staaten von Amerika!

II. Absurdes und falsches Wachstum – Das Auto und die Wissenschaft

Noch ist es nicht so weit, daß Ideologen des Monopolkapitals Prämien für nicht-geleistete Industrieproduktion oder nicht-geschriebene Bücher propagieren. (Obgleich Monopolvereinigungen bereits in einer Reihe von Einzelfällen an einzelne Unternehmen Prämien für ihre Stillegung zahlen, um so die Produktion zu drosseln und die Preise, damit die Profite, hochzutreiben, oder Prämien für die Nichtanwendung wissenschaftlicher Erkenntnisse zahlen, um keinen zu schnellen moralischen Verschleiß ihrer Produkte und Produktionsinstrumente zu haben.)

Dafür gibt es aber zahlreiche Fälle absurden und falschen Wachstums, die zur Unterbauung der Theorie vom Null-Wachstum benutzt werden.

Das Musterbeispiel absurden Wachstums ist natürlich die Autoproduktion. Die Zahl der Autos pro Kopf der Bevölkerung war und ist ein „Statussymbol" für die Länder des Imperialismus, wie zwei Autos pro Familie ein Zeichen gehobenen Status des einzelnen ist. Als ich eine amerikanische Genossin fragte, welche Arbeiter am schwersten zu gewinnen wären, antwortete sie, ohne auch nur eine Sekunde überlegen zu müssen: „Die mit zwei Autos", d. h. hochqualifizierte Facharbeiter, Meister usw.

Die „gesellschaftliche Bedeutung" des Autos zeigen auch folgende Überlegungen. Nach dem neuesten USA-Zensus ergibt sich:

Im Jahre 1970 wurden 3 720 000 Menschen geboren.
Gleichzeitig wurden 8 280 000 Automobile produziert.
Die Gesamtzahl der Menschen in den USA betrug 205 395 000.
Die Gesamtzahl der Automobile betrug 108 960 000.

Erstaunlich!, sagt man in der westlichen Welt: Weit mehr Automobile als Menschen werden pro Jahr produziert – mehr als doppelt so viele! Da heute schon auf jeden zweiten Amerikaner ein Auto kommt, kann man sich leicht ausrechnen, daß in nicht ferner Zukunft auf jeden Amerikaner, ob Baby oder Rentner, ein Auto entfallen wird – und danach sicherlich zwei Autos auf jeden, eines für wochentags und eines für sonntags. Das ist das, was man amerikanische Prosperität und Lebensweise und amerikanische Träume von der Zukunft nennt.

Aber Menschen werden krank, und Autos müssen repariert werden. Nach dem Zensus ergab sich für 1970:

Mit der „Reparatur" der Menschen waren 538746 Ärzte, Zahnärzte usw. beschäftigt.

Mit der Reparatur der Automobile waren 912410 Arbeiter und Angestellte beschäftigt.

Autos sind wichtiger als Menschen. Fast viermal so viele Beschäftigte stehen für ein Auto als für einen Menschen bereit, um Reparaturen durchzuführen!

Dabei gilt es noch zu beachten, daß die Ärzte sich viel mehr um die Reichen bemühen, da die Werktätigen oft nicht das Geld für den Arzt haben. Nicht für den Arzt – wohl aber für das Auto, da es vielfach kein anderes Transportmittel zur Arbeit gibt: keine Eisenbahn, keine Elektrische, keinen Autobus.

Das Wachstum der Zahl der Autos hat jedoch zu einer solchen Überfüllung der Städte in allen imperialistischen Ländern geführt, daß die Transportgeschwindigkeit heute im Durchschnitt eher geringer als zu Beginn des Jahrhunderts ist! Man kommt bei wesentlich größerer persönlicher Anstrengung eher langsamer als zu Beginn des Jahrhunderts mit den damaligen Transportmitteln in den Städten vorwärts!

Weiter: im Gefolge der Verbreitung des Autos sind alte bewährte Transportmittel teilweise oder ganz abgebaut worden. Weiter: in einigen Städten der USA und Englands beginnt man den Autoverkehr im Stadtinnern einzuschränken oder ganz zu verbieten – und die elektrische Straßenbahn wieder einzuführen! Zugleich führt das Auto zu einer derartigen Verschmutzung der Luft, daß die Gesundheit der Menschen auf das stärkste gefährdet wird. Resultat des absurden Wachtsums der Autos: man kommt mit größerer Anstrengung langsamer vorwärts, und die Gesundheit leidet.

Man kann sich vorstellen, daß solch Geschehen eine reale Basis für das Wachstum von Null-Wachstums-Theorien abgibt.

Das heißt, in der Welt des Monopolkapitals nähren sich die

Null-Wachstums-Theorien sowohl von den sehr realen Folgen des Profitgesetzes (in der Landwirtschaft und in einigen Fällen auch in der Industrie) wie auch von sehr realen täglichen Lebensumständen wie dem absurden Wachstum der Produktion einzelner Waren, etwa des Autos, und den Folgen dieses Wachstums für die Gesellschaft.

Daß das ein falscher Nährboden ist, oder richtiger, daß auf diesem Nährboden falsche Theorien wachsen, ist natürlich, wenn Nicht-Marxisten sie entwickeln. Sie argumentieren so, als ob man aus der Scheußlichkeit rauchender Schornsteine den Schluß ziehen sollte, man müßte die Produktion einstellen. Doch kommt es uns nicht allein darauf an, Theorien als falsch aufzuzeigen. Die Klassiker des Marxismus-Leninismus haben stets auch auf die Notwendigkeit hingewiesen, ihre gesellschaftliche materielle Basis und ihr Ziel aufzuzeigen.

Während das Wachstum der Zahl der Autos absurd ist, geht das Wachstum der Wissenschaft einen falschen Weg.[26]

Der amerikanische Wissenschaftswissenschaftler D. J. de Solla Price hat uns als erster die Absurdität der expansiven Wissenschaftsentwicklung des letzten Halbjahrhunderts mit zahlreichen Beispielen vor Augen geführt.[27]

Nach seinen Berechnungen hat sich die Zahl der Wissenschaftler in den letzten 250 Jahren in ziemlich regelmäßigem Abstand von 12–15 Jahren etwa verdoppelt. Ein solcher Prozeß muß, da die Bevölkerung sich wesentlich langsamer vermehrt, dazu führen, daß in absehbarer Zeit, wie Bernal einmal formulierte, die Zahl der Wissenschaftler größer sein wird als die Zahl der Menschen – oder, was viel wahrscheinlicher ist, daß die Zahl der Wissenschaftler zum ersten Male seit der Zeit des Frühkapitalismus langsamer steigen wird.

Das heißt, die wissenschaftlich-technische Revolution wird in den heute wissenschaftlich fortgeschrittenen Ländern mit einer gegenüber den letzten 250 Jahren beachtlich weniger schnell zunehmenden Anzahl von Wissenschaftlern und Technologen durchgeführt werden müssen.

Doch wird die wissenschaftlich-technische Revolution, wird der künftige wissenschaftlich-technische Fortschritt allgemein nicht nur mit einer langsamer als bisher wachsenden Anzahl von Wissenschaftlern durchgeführt werden – auch die Zahl der Hilfskräfte für den wissenschaftlichen Betrieb und die Ausgaben für die Wissenschaft werden nicht mehr im gleichen Tempo steigen können wie in der Vergangenheit.

Dazu kommt für die Naturwissenschaftler ein noch viel stärkeres Wachstum der Ausgaben infolge des schnellen Wachstums der technischen Apparaturen usw., so daß man, wenn Bernal in absehbarer Zeit mehr Wissenschaftler als Menschen erwarten konnte, noch viel eher mehr Ausgaben für die Wissenschaft, als das Volkseinkommen beträgt, prognostizieren kann.

Und weiter – so wie die Zahl der Wissenschaftler und ihrer Hilfskräfte, so wie die Ausgaben für die Wissenschaft, so steigen auch ihre Produkte ins Unübersehbare. Von den Zeitschriften kann man sagen: Genau wie bei der Zahl der Wissenschaftler beobachtet man (nach einem etwas langsameren Anstieg) eine fast regelmäßige Verdoppelung ihrer Zahl in bestimmtem Zeitabstand seit etwa 1750. Bei Weiterführung der Kurve rechnet de Solla Price für das Jahr 2000 mit rund 1 Million naturwissenschaftlicher Zeitschriften. Als die Zahl der „Fachblätter" um 1830 etwa 300 betrug, entstand eine Informationskrise, die durch die Einführung von „Abstracta"-Zeitschriften überwunden wurde. Gegenwärtig hat jedoch auch die Zahl der „Abstracta"-Zeitschriften die kritische Zahl von 300 erreicht bzw. schon überschritten, und die Naturwissenschaftler befinden sich in einer neuen Informationskrise.

Die Informationskrise aber bedeutet, daß unsere Kenntnis von dem Erkannten immer geringer wird. Helmut Arntz, Vizepräsident des Internationalen Verbandes für Dokumentation (FID), schilderte kürzlich die Situation so: „In der Bundesrepublik Deutschland müssen im Schnitt 64 Prozent aller Patentanmeldungen zurückgewiesen werden, weil die ‚Erfindungen' keine Neuheiten sind: schlagender könnte nicht dargetan werden, daß uns der Überblick nicht nur über das Erdachte, Entdeckte, Erforschte, sondern über das in allgemein zugänglichem Schrifttum Publizierte abhanden gekommen ist. Es ist unwidersprochen, daß ein Forscher heute höchstens 10 Prozent der auf seinem engen Fachgebiet erscheinenden, relevanten neuen Erkenntnisse zur Kenntnis nimmt und hinsichtlich der übrigen 90 Prozent sich verhält, als ob er jungfräulichen Boden pflüge – mit dem durch nichts zu rechtfertigenden immensen und in Wahrheit vergeudeten Aufwand für die gleichen Experimente, die gleichen Forschungswege, die gleiche geistige Bemühung, die gleichen Publikationskosten, die alle schon einmal oder schon mehrere Male aufgewendet worden waren.

Es geht um Milliardensummen. Wenn die wissenschaftliche Forschung der Welt 90 Milliarden Dollar im Jahr kostet – das hat das US-Wirtschaftsministerium ermittelt – und 3 Millionen Zeitschriftenpublikationen die Resultate dieser Forschung wiedergeben (plus 200 000 Monographien und 300 000 Patente im Jahr), dann kostet jede Veröffentlichung im Schnitt 26 000 Dollar Mittel der Steuerzahler oder Mittel der Industrie unmittelbar. Schon 1959 wurde der durch Doppelarbeit vergeudete Betrag in den USA auf 5 Milliarden Dollar jährlich geschätzt; man nimmt an, daß er sich bis 1972 verdreifacht hatte. 15 Milliarden Dollar im Jahr; das ist auch bei abgewertetem Dollar noch fast das Doppelte jener 28 Milliarden DM, die die Bundesrepublik Deutschland von 1950 bis 1970 als öffentliche Nettoleistungen für Entwicklungshilfe erbracht hat."[28]

Der sowjetische Wissenschaftswissenschaftler G. M. Dobrow faßte die Situation so zusammen:

„Jede Verdopplung der Anzahl neuer wissenschaftlicher Ergebnisse in der Welt war in den zurückliegenden Jahren des 20. Jahrhunderts verbunden mit

– einer Zunahme der Menge an wissenschaftlich-technischen Informationen um das 8- bis 10fache;

– einer zahlenmäßigen Zunahme der im Bereich der Wissenschaft beschäftigten Menschen um das 15- bis 20fache;

– einer Steigerung der Aufwendungen für die Wissenschaft um das 30- bis 40fache."[29]

Und noch stärker das „Dilemma der Quantität" in der gegenwärtigen Wissenschaftssituation herausarbeitend, schrieb er:

„Die Erfahrung der vergangenen Jahre hat auch gezeigt, daß jeder Schritt der Wissenschaft nach vorn mit immer mehr Arbeit und mit einem immer höheren Preis errungen wird. In den letzten 40 bis 50 Jahren wurde die Verdoppelung der Anzahl neuer wissenschaftlicher Resultate in der Welt von einem 8- bis 10fachen Zuwachs der Menge wissenschaftlicher Information, von einer 15- bis 20fachen Erhöhung der Anzahl der Menschen in der Wissenschaft und von einem mehr als 30fachen Zuwachs der Zuwendungen für die Wissenschaft und für die Verwertung ihrer Ergebnisse begleitet.

Derartige Disproportionen im Wachstum der quantitativen Charakteristika des Organisationssystems der Wissenschaft können nicht lange fortgesetzt werden."[30]

Unter diesen Umständen ist es nicht verwunderlich, daß de Solla Price und andere bürgerliche Wissenschaftswissenschaftler von einem Prozeß der „Selbsterstickung der Wissenschaft" oder der „Saturierung der Menschheit mit Wissenschaft" sprechen.

Übrigens eine Situation, die Goethe in gewisser Weise schon voraussah, als er bemerkte: „Die Wissenschaften zerstören sich auf doppelte Weise selbst: durch die Breite, in die sie gehen, und durch die Tiefe, in die sie sich versenken."[31]

Wiederum sehen wir eine ganz reale Situation, auf der die Null-Wachstums-Theorien aufbauen können.

Doch so real die Grundlage, so falsch die Lösung. Natürlich geht es nicht so weiter mit der Expansion der Wissenschaft. Aber die Schlußfolgerung daraus lautet natürlich nicht: Null-Wachstum. Sie lautet: weiteres Wachtsum durch Intensivierung des Wissenschaftsbetriebes, durch Intensivierung des wissenschaftlichen Lebens!

Niemals werden wir auf das Wachstum unserer wissenschaftlichen Erkenntnisse verzichten können. Aber Wachstum ist nicht identisch mit Expansion – und das gilt natürlich nicht nur für die Wissenschaft. Das gilt auch für die Landwirtschaft, deren Boden nicht beliebig expandiert werden kann, und für viele andere Gebiete, auf denen wir Wachstum vor allem durch Expansion hatten.

Bei der Forderung von Null-Wachstum wegen ganz objektiver, realer Grenzen der Expansion handelt es sich jedoch keineswegs nur um einen logischen Fehlschluß, sondern um ein Vorbeigehen an einer immens wichtigen gesellschaftlichen Problematik, die sowohl für die Wissenschaft wie auch etwa für die Wirtschaft lautet: von der Expansion zur Intensivierung, von der Quantität zur Qualität.

III. Disproportioniertes Wachstum – die Bevölkerung

Vor 175 Jahren, 1798, veröffentlichte Robert Malthus sein einflußreiches Buch über die Bewegung der Bevölkerung, in dem er auseinandersetzte, daß die Bevölkerung zwar die Tendenz hätte, schneller zu steigen als die Nahrungsmittelproduktion – zugleich aber bat er seine Mitmenschen, sich nicht darüber zu beunruhigen, denn der Gute Gott sorge für Kriege, Pestilenzen und Hungersnöte, so daß die genannte Tendenz sich nicht durchsetzen könnte. Man braucht darum auch Malthus keinen Bevölkerungspessimisten zu nennen, solange man an die von Malthus aufgezählten Aktivitäten eines Gottes glaubt. Heute ist die Haltung vieler bürgerlicher Gesellschaftswissenschaftler eine grundlegend andere. Sie glauben an Malthus, aber nicht an seinen Gott. Sie sehen ein Ende der Menschheit voraus, da sich die Bevölkerung zu rasch vermehre. Null-Wachstum der Bevölkerung wird als Ideal beschrieben, das sich jedoch nur schwer erreichen lassen würde und das man mit aller Kraft erstreben müßte.

Untersuchen wir zunächst, wie sich Geburtlichkeit und Sterblichkeit in den letzten 200 Jahren entwickelt haben:

Geburtlichkeit und Sterblichkeit, 1750 bis 1967[32]

Zeit	*Entwickelte Länder*		*Entwicklungsländer*	
	Geburtenrate	Sterberate	Geburtenrate	Sterberate
1750–1800	38	34	41	37
1800–1850	39	32	41	36
1850–1900	38	28	41	37
1900–1950	26	18	41	32
1900–1910	34	21	41	34
1910–1920	26	23	40	37

Zeit	*Entwickelte Länder*		*Entwicklungsländer*	
	Geburtenrate	Sterberate	Geburtenrate	Sterberate
1920–1930	28	16	41	31
1930–1940	22	14	41	29
1940–1950	20	15	40	28
1950–1960	23	10	41	21
1960–1967	20	9	41	18

Während der Zeit von 1750 bis 1900 hat sich in den heute entwickelten kapitalistischen Ländern die Geburtenrate kaum verändert, und sie war kaum verschieden von der in den Entwicklungsländern. Seitdem, also unter den Verhältnissen des Imperialismus, hat sich die Geburtlichkeit jedoch etwa halbiert, während die Sterblichkeit noch stärker gesunken ist. In den Entwicklungsländern dagegen hat sich die Geburtlichkeit in den letzten 200 Jahren praktisch nicht verändert, während sich die Sterblichkeit im letzten Halbjahrhundert etwa halbiert hat.
Die sogenannte Bevölkerungsexplosion findet also nicht im Weltmaßstab, sondern nur in den Entwicklungsländern statt.

Jedoch geht seit einem Jahrzehnt die Geburtenrate allgemein zurück, wie folgender Vergleich zeigt:

Geburtenrate 1960 bis 1970[33]

	1960	1967	1970
Polen	22,6	16,3	16,6
Vereinigte Staaten	23,7	17,8	18,2
Frankreich	17,9	17,0	16,7
Großbritannien	17,5	17,5	16,2
BRD	17,7	17,0	13,3
Japan	17,2	19,4	18,9
Portugal	24,2	21,5	17,8
Tunesien	43,7	41,1	37,4
Mexiko	46,0	43,4	41,3
Ägypten	40,6	39,3	34,9
Sowjetunion	24,9	17,4	17,4

Überall liegt die Geburtlichkeit 1970 niedriger als 1960 – und von 1967 bis 1970 war der Rückgang der Geburtlichkeit besonders groß in den Entwicklungsländern.

Jedoch kann kein Zweifel darüber sein, daß die Bevölkerungsvermehrung in den Entwicklungsländern heute noch einen Großteil des Wachstums des Sozialprodukts in Anspruch nimmt, so daß das Sozialprodukt pro Kopf der Bevölkerung nur wenig zunimmt.

Wiederum sehen wir, daß die Theorie des Null-Wachstums auf einer echten Realität aufbaut – auf der Realität der Bevölkerungsbewegung in den Entwicklungsländern, wo es zweifellos nützlich für die Gesellschaft wäre, wenn die Geburtenrate sich dem Abfall der Sterberate mehr anpassen würde.

In den entwickelten kapitalistischen Ländern dagegen kann keine Rede davon sein, daß sich die Bevölkerung zu schnell vermehrt. Im Gegenteil! Die Fruchtbarkeit ist so abgesunken, daß man in einiger Zeit mit einem Null-Wachstum, ja mit einem Rückgang der Bevölkerung rechnen muß. Und das gilt auch für manche sozialistischen Länder!

Wie rapide diese Entwicklung war, zeigt sehr klar die amtliche amerikanische Bevölkerungsprognose für die USA. Diese gibt seit Jahren verschiedene Prognosen für das Jahr 2000 unter der Voraussetzung einer bestimmten Anzahl von Kindern pro Mutter.

Im Statistical Abstract oft the United States 1968 nahm man noch als Minimumzahl der Kinder pro Mutter 2,45 an, 1971 nahm man nur noch 2,1 und 1973 gar nur noch 1,8 Kinder pro Mutter an. Das sind knapp 0,9 Mädchen. Da aber (unter Berücksichtigung der Sterblichkeit bis zur Fruchtbarkeit) etwa 1,1 Mädchen pro Mutter geboren werden müssen, um die Bevölkerung einfach zu reproduzieren, findet nach den (gar nicht unberechtigten) Mindestprognosen für 2000 in den Vereinigten Staaten in einigen Jahrzehnten Null-Wachstum der Bevölkerung statt – und das gleiche gilt für die meisten Länder Westeuropas, ebenso wie für den europäischen Teil der Sowjetunion, für Ungarn oder die Deutsche Demokratische Republik.

Null-Wachstum für die Bevölkerung als Losung, während große Teile von Kontinenten bereits eine Minus-Reproduktionsrate haben? Natürlich ist das unsinnig! Aber der größere Teil der Menschheit vermehrt sich noch so stark, daß ihre materielle Lage sich unter den gegebenen Wachstumsverhältnissen des Sozialprodukts viel zu langsam hebt.

In den fünfziger Jahren ging man diese Problematik unter den Wissenschaftlern vielfach so an:

Nicht wenige bürgerliche Wissenschaftler stellten sich auf einen neomalthusianischen Standpunkt, der vorzüglich in die allgemeine politische Linie des kalten Krieges paßte und dessen Grundgedanke war: Krieg, speziell Atomkriege, ebenso wie Hungersnöte und Epidemien sind eine Notwendigkeit, um eine zu starke Bevölkerungsvermehrung zu verhindern. Was Malthus noch als Kirchenmann der Einrichtung der Welt durch Gott, der ja den Menschen mit seinen Eigenheiten geschaffen, zugeschrieben hatte, das wurde jetzt als Naturnotwendigkeit betrachtet, die merkwürdigerweise genau die aggressive Politik des Monopolkapitals, den kalten Krieg gegen die sozialistischen Länder unterstützte und seine kalte Schulter gegenüber der Not in den Kolonien und den Entwicklungsländern streichelte.

Nicht wenige Marxisten aber, die sich voll berechtigter Empörung im ideologischen Kampf gegen den Neomalthusianismus wandten, erklärten: man brauche nur die sozialen Verhältnisse revolutionär zu verändern, und schon würde sich die Situation verbessern – was ebenso vulgär wie kalt gegenüber der furchtbaren Not des Tages in den Entwicklungsländern war.

Und zwischen ihnen verhallten ungehört die wissenschaftlich ungebildeten, aus dem Herzen kommenden naiven Aufrufe human gesinnter Bürger zu gigantischer karitativer Hilfe ebenso wie Warnungen einsichtiger Marxisten, die klar erkannten, daß der Hinweis auf die Revolution ohne gleichzeitige Hilfe in der Verbreitung der Familienplanung durch Geburteneinschränkung und ohne Verbesserung der landwirtschaftlichen Technik und Züchtung genauso verfehlt ist wie der „rein politische Kampf" von Parteien der Unterdrückten ohne gewerkschaftliche Arbeit.

In den sechziger Jahren begann sich die ideologische Situation zu wandeln. Mit der langsamen Einsicht in die Vergeblichkeit des kalten Krieges auf Grund des mächtigen Wachstums der Stärke der sozialistischen Länder verloren auch die neomalthusianischen Theorien an Boden, ohne natürlich voll zu verschwinden– sie werden immer in Reserve gehalten. Gleichzeitig wuchs unter den Marxisten die Einsicht in die Notwendigkeit der schnelleren Entwicklung einer marxistischen Demographie, die dann vor allem in der Sowjetunion und Polen stattfand[34], um die Bevölkerungsproblematik so in den Griff zu bekommen, daß man positiv ratend, aktiv auch auf Fragen, auf die die unmittelbare Gegenwart Antworten verlangte, eingehen konnte. Gleichzeitig stießen allein von der Not der Gegenwart bewegte bürgerliche Humanisten auf breiteren Widerhall und hatten nicht zum wenigsten deshalb Erfolg, weil die nationale Bourgeoisie vieler Entwicklungsländer sie förderte.

Eines der am meisten gelesenen Bücher von bürgerlicher Seite, das für Null-Wachstum der Bevölkerung, wenn möglich gar einen Rückgang der Bevölkerung eintritt, ist ein „Die Bevölkerungs-Bombe" genanntes Buch des Amerikaners Paul Ehrlich.[35] Auf dem Deckel des Buches, direkt unter dem Titel steht: „Während Sie diese Worte (des Titels – J. K.) lesen, sind 4 Menschen an Hunger gestorben. Die meisten von ihnen Kinder." Der Autor gibt zunächst folgende Zahlen:

Weltbevölkerung

6000	vor unserer Zeitrechnung	5 Millionen
1650	unserer Zeitrechnung	500 Millionen
	d. h.: die Bevölkerung verdoppelte sich etwa alle 1000 Jahre	
1850		1000 Millionen
	Verdoppelung in 200 Jahren	
	Darauf Verdoppelung in 80 Jahren – von 1850 bis 1930	2000 Millionen

Gegenwärtig: Verdoppelung in 35 Jahren

Würden wir das gesamte Sonnensystem besiedeln können, so, meint Ehrlich, würden wir in 250 Jahren in der gleichen Situation wie heute sein.

Der Verfasser sieht die Lösung in einer Beschränkung der Fruchtbarkeit (Familienplanung), in einer Steigerung der Nahrungsmittelproduktion und im Schutz der Umwelt – all das aber wird seiner Ansicht nach nur helfen nach einer unvermeidlichen Hungerkatastrophe, die bereits begonnen hat.

Es ist offenbar, daß alle drei Maßnahmen, die Ehrlich vorschlägt, richtig und nützlich sind – die Beschränkung der Fruchtbarkeit findet heute schon in beachtlichem Ausmaß in Europa und Nordamerika statt.

Jedoch muß man gleichzeitig sehen, daß alle diese Maßnahmen eine Veränderung der sozialen Verhältnisse erfordern, um schnell durchgesetzt zu werden – mit Ausnahme der Geburtenregelung in Europa und Nordamerika: Das Profitsystem der kapitalistischen Länder und die halbfeudalen Verhältnisse, die noch in vielen Entwicklungsländern herrschen, hemmen eine Steigerung der Produktion bzw. eine Verteilung der Nahrungsmittel entsprechend den Bedürfnissen. Das Profitsystem in den entwickelten kapitalistischen Ländern und ungenügende wirtschaftliche Mittel in den Entwicklungsländern verhindern die notwendigen Umweltschutzmaßnahmen. Das ungenügende, auf der allgemeinen Armut beruhende, zivilisatorisch-sanitäre Niveau in den Entwicklungsländern hemmt eine breite und effektive Einführung der Familienplanung.

Zusammenfassend kann man sagen, daß das Wachstum der Bevölkerung heute in den Entwicklungsländern, gemessen an den gegenwärtigen Möglichkeiten der Steigerung des Sozialprodukts dort, viel zu groß ist. Nichts gegen Bevölkerungswachstum „an sich" – aber nicht unter den gegenwärtigen Umständen in den Entwicklungsländern ein Bevölkerungswachstum im gegenwärtigen Ausmaß! Das bedeutet natürlich nicht, daß das Bevölkerungswachstum allein oder auch nur an erster Stelle für den viel zu niedrigen materiellen Lebensstandard, für Hunger und Wohnungselend dort verantwortlich ist.

Wenn wir sagten: Nichts gegen Bevölkerungswachstum „an sich" – so vor allem deswegen, weil man nicht gegen etwas „an sich", ohne Berücksichtigung der gesellschaftlichen Umstände, sein sollte. Das trifft selbstverständlich auch für Bevölkerungsstillstand oder Bevölkerungsrückgang „an sich" zu.

Wir Marxisten sind in der Mehrheit der Meinung, daß die Eltern darüber bestimmen sollten, wieviele Kinder sie haben wollen. Das heißt nicht, daß die Gesellschaft nicht Maßnahmen ergreifen kann, die es den Eltern leichter machen, mehr bzw. weniger Kinder zu haben. Es ist zum Beispiel ganz offenbar, daß eine Verbesserung der Wohnungsverhältnisse zur Steigerung der Fruchtbarkeitsrate beitragen kann, während Kinderprämien nur auf der Basis reichlichen und billigen Wohnraums stärker wirksam sein können.

Wir hatten drei Beispiele dafür gegeben, daß die Null-Wachstums-Theorien eine gewisse reale Basis haben. Es ist offenbar, daß unter den gegenwärtigen Umständen ein weiteres Wachstum der Zahl der Autos und sicher auch anderer Gegenstände – zwei Fernsehapparate pro Familie? – unsinnig erscheinen muß. Wir haben gezeigt, daß die „Saturiertheit" der „modernen Gesellschaft" mit Wissenschaft ein Unsinn ist, daß aber die Expansion des Wissenschatfsbetriebs, die weit schneller vor sich geht als die der Bevölkerung, des Nationaleinkommens und der Verarbeitungsmöglichkeit von Informationen, durch seine Intensivierung ersetzt werden muß, das heißt, das Wachstum der Quantität sollte durch eine Zunahme der Qualität ersetzt werden. Schließlich können die Null-Wachstums-Theoretiker auch auf die dringende Notwendigkeit zumindest der stärksten Einschränkung des Bevölkerungswachstums in den Entwicklungsländern hinweisen.

Gerade aber weil die Null-Wachstums-Theorien über eine ganze Reihe Körner Salz in dem Boden, auf dem sie wachsen, verfügen, gerade weil sich in dem faulenden Gehäuse ihres Systems eine ganze Reihe rationeller Kerne befinden und weil sie, wie wir ebenfalls zeigten, auf einer ökonomischen Entwicklung der imperialistischen Länder beruhen, die Stagnationstendenzen zeigt, sind sie so relativ einflußreich und gefährlich geworden. Gerade aus diesem Grunde war es auch notwendig, die Körner Salz und rationellen Kerne zu isolieren und einzeln zu untersuchen, um nun einen Generalangriff auf die „Weltanschauung" des Null-Wachstums, das heißt die Auffassung „Wir haben genug Fortschritt gehabt", führen zu können.

IV. „Die Grenzen des Wachstums"

So lautet der Titel eines Buches, das 1972 gleichzeitig auf englisch, französisch, spanisch, deutsch, japanisch, italienisch, portugiesisch, holländisch und in den nordischen Sprachen erschien. Verfaßt wurde es von einer Arbeitsgruppe des Massachusetts Institute of Technology unter Leitung von Dennis L. Meadows. Unter dem Titel steht „Bericht des Club of Rome zur Lage der Menschheit". Beim Club of Rome handelt es sich um eine informelle Vereinigung, der etwa 70 Persönlichkeiten (Industrielle, Politiker und Wissenschaftler) aus 25 kapitalistischen Staaten angehören und die 1968 auf Anregung von Dr. Aurelio Peccei, Mitglied der Firmenleitung von Fiat und Olivetti sowie Präsident von Italconsult, einer der bedeutendsten westeuropäischen Entwicklungsfirmen, in der Accademia dei Lincei in Rom gegründet wurde. Ziel der Tätigkeit des Club of Rome ist es, „die Ursachen und inneren Zusammenhänge der sich immer stärker abzeichnenden kritischen Menschheitsprobleme zu ergründen"[36]. Dr. Peccei ist Vorsitzender des Exekutivkomitees des Club of Rome. Dem Exekutivkomitee gehören ferner an: Dr. Alexander King, wissenschaftlicher Direktor der OECD, Dr. Sahuro Okita, Leiter des japanischen Wirtschaftsforschungszentrums in Tokio, Prof. Dr.-Ing. Dr. h. c. Eduard Pestel, Professor an der Technischen Universität Hannover, Dr. Hugo Thiemann, Leiter des Battelle-Instituts in Genf, und Professor Dr. Carroll Wilson, Massachusetts Institute of Technology, Cambridge/Massachusetts (USA).

Die Autoren haben ein „Weltmodell" konstruiert, das untersucht: „die beschleunigte Industrialisierung, das rapide Bevölkerungswachstum, die weltweite Unterernährung, die Ausbeutung der Rohstoffreserven und die Zerstörung des Lebensraums"[37], sowohl hinsichtlich ihrer Tendenzen und Folgen sowie ihrer gegenseitigen Wirkungen aufeinander.

Wieder die Prognose eines Jüngsten Gerichts, wie wir sie so häufig nach dem zweiten Weltkrieg gehabt haben – mit dem Ende in einem nuklearen, biologischen oder chemischen Krieg, mit dem „Kollaps der Welt" infolge einer Umweltkatastrophe oder einer Bevölkerungsexplosion, mit einem Krieg des von Hunger und Krankheiten gepeinigten „Entwicklungssüdens" gegen den „industrialisierten Norden"?

Nein, ganz so einfach ist die Sache nicht. Schließlich handelt es sich um ein kybernetisch, mathematisch, mit realen Daten arbeitendes Team der angesehensten naturwissenschaftlichen Universität der USA, an der auch einige der bekanntesten Gesellschaftswissenschaftler des Landes arbeiten. Sie sind auch methodologisch insofern gut durchgebildet, als sie erkennen und es aussprechen: „Wie jedes Modell, ist auch unser Modell unvollständig, stark vereinfacht und verbesserungswürdig."[38]

Die Schlußfolgerungen, zu denen sie kommen, lauten:

„1. Wenn die gegenwärtige Zunahme der Weltbevölkerung, der Industrialisierung, der Umweltverschmutzung, der Nahrungsmittelproduktion und der Ausbeutung von natürlichen Rohstoffen unverändert anhält, werden die absoluten Wachstumsgrenzen auf der Erde im Laufe der nächsten hundert Jahre erreicht. Mit großer Wahrscheinlichkeit führt dies zu einem ziemlich raschen und nicht aufhaltbaren Absinken der Bevölkerungszahl und der industriellen Kapazität.

2. Es erscheint möglich, die Wachstumstendenzen zu ändern und einen ökologischen und wirtschaftlichen Gleichgewichtszustand herbeizuführen, der auch in weiterer Zukunft aufrechterhalten werden kann. Er könnte so erreicht werden, daß die materiellen Lebensgrundlagen für jeden Menschen auf der Erde sichergestellt sind und noch immer Spielraum bleibt, individuelle menschliche Fähigkeiten zu nutzen und persönliche Ziele zu erreichen.

3. Je eher die Menschheit sich entschließt, diesen Gleichgewichtszustand herzustellen, und je rascher sie damit beginnt, um so größer sind die Chancen, daß sie ihn auch erreicht."[39]

Das Ganze ist, wie auch die Autoren feststellen, eine Aufforderung zum „Übergang vom Wachstum zum Gleichgewicht"[40].

Bevor wir im einzelnen auf die Ausführungen eingehen, seien sie kurz in die Geschichte des politökonomischen Denkens eingeordnet.[41]

Wenn wir die Geschichte der Politischen Ökonomie von ihrem Beginn im 17. Jahrhundert bis zu Marx untersuchen, dann ist allen bedeutenden Theorien eine Idee gemeinsam: Sie alle rechneten ganz selbstverständlich mit einem Wachstum der Wirtschaft als einer historisch notwendigen Erscheinung. Und das ist nur natürlich so, denn bis zur Zeit von Marx war der Kapitalismus noch fortschrittlich, und die Ideologen des Kapitals traten für den Fortschritt ein. Marx wies dann als erster nach, daß der Kapitalismus auf Grund der ständigen Vertiefung seiner Widersprüche zum Untergang verurteilt ist, und charakterisierte ganz selbstverständlich die ihm nachfolgende sozialistische Gesellschaft durch eine besonders starke Entwicklung der Produktivkräfte. Wenn Lenin die klassische bürgerliche Politische Ökonomie eine der „drei Quellen und gleichzeitig Bestandteile des Marxismus“ nennt[42], dann gehört zu diesen Quellen und Bestandteilen auch die bürgerliche These des selbstverständlichen Wachstums der Produktion.

Im Laufe der 70er Jahre des vorigen Jahrhunderts entwickelte sich jedoch in den fortgeschrittenen Ländern des Kapitalismus eine gewisse Tendenz zur Verlangsamung des Wachstums der Industrieproduktion[43], die bis in die 80er Jahre hinein dauerte und die in der Wirtschaftsgeschichte auch als die Zeit der Great Depression, der Großen Depression, charakterisiert wird. In dieser Zeit verbreitete sich in der Politischen Ökonomie die Grenznutzentheorie, von der der schwedische Ökonom Myrdal mit Recht sagt, daß sie „das Schwergewicht ihres Interesses auf Probleme der statischen Effektivität und statischen Verteilung der Ressourcen legt“.[44] Die Grenznutzentheorie spielte bis zum ersten Weltkrieg eine sehr große Rolle in der bürgerlichen Politischen Ökonomie.

Jedoch begannen schon vor dem ersten Weltkrieg mit der Entwicklung des Imperialismus und der immer intensiveren Expansion der Monopole die Wachstumstheorien in der bourgeoisen Theorie wieder an Gewicht zu gewinnen. Jetzt aber trugen diese Theorien einen aggressiven und reaktionären Charakter – im schärfsten Klassengegensatz zu der revolutionären Weiterentwicklung der Wachstumstheorie des Marxismus durch Lenin.

Die erste bourgeoise Veröffentlichung von Einfluß in dieser Richtung war die des Schweden Gustav Cassel „Theoretische Sozialökonomie", die, 1914 im Manuskript beendet, 1918 in Leipzig erschien. Seitdem, und insbesondere seit Keynes, hat die bürgerliche Literatur der Politischen Ökonomie der Theorie des wirtschaftlichen Wachstums eine rapid zunehmende Zahl von Artikeln, Broschüren und Büchern gewidmet. Und der bekannteste Erforscher der Geschichte und Methodologie der Untersuchung des Wachstums des sogenannten Bruttosozialprodukts, Simon Kuznets, erhielt 1971 den Nobelpreis für Wirtschaftswissenschaften.

Doch schon vier Jahre vor dieser Nobelpreisverleihung, 1967, erschien „The cost of economic growth", „Die Kosten des wirtschaftlichen Wachstums", von E. J. Mishan, der (nachdem der Literateur der Politischen Ökonomie Kenneth Galbraith bereits 1958 in seiner ebenso brillant wie oberflächlich geschriebenen „Affluent Society" zahlreiche Gedanken in dieser Richtung verstreut hatte) versuchte, die Grundlagen für eine Theorie beschränkten, ja auf vielen Gebieten abgestoppten Wachstums zu legen. Inzwischen, seit dem Beginn der zyklischen Überproduktionskrise in den USA in der zweiten Hälfte des Jahres 1969, und insbesondere, seit mehr Klarheit darüber herrscht, daß trotz des ökonomischen Wachstums der gesellschaftliche Verfall im Kapitalismus ständig zunimmt, ist man noch weiter gegangen und ist zu einer Theorie des „Zero Growth", des „Null-Wachstums", gekommen.

Die Periode der Großen Depression in den siebziger und achtziger Jahren des 19. Jahrhunderts mit dem Schwerpunkt ihres Interesses an der „statischen Effektivität und statischen Verteilung der Ressourcen" wiederholt sich auf tieferer Stufenleiter in der Periode der Allgemeinen Krise mit dem Schwerpunkt ihres Interesses am Gleichgewicht der Null, Das ist historisch durchaus verständlich – aber mit Heine möchten wir sagen: wir sind durchaus bereit, unsere Feinde zu verstehen, ja ihnen sogar zu verzeihen – jedoch erst, nachdem sie gehängt sind.

Und nun zurück zu der Studie, die wir hier besprechen. Schon der Schluß, zu dem die Verfasser kommen, ist unsinnig. Eine Losung „Übergang vom Wachstum zum Gleichgewicht" ist wie eine Losung: Übergang vom Wachstum zum Verbrauch von

Sauerstoff. Sauerstoff brauchen wir, ob wir wachsen oder nicht. Gleichgewicht braucht jede Wirtschaft, jede Gesellschaft, ob sie wächst oder nicht. Man sieht geradezu, wie die Autoren dieser Studie oder ihre Protektoren im Klub von Rom sich überlegt haben: welchen Ausdruck benutzen wir, um Worte wie Stagnation und Rückgang, Statik oder Regression zu vermeiden, denn um solches handelt es sich in der Tat.

Mit der Frage der Weltbevölkerung brauchen wir uns hier nicht weiter zu beschäftigen. Von jedem Standpunkt aus ist offenbar, daß die Bevölkerungsvermehrung in den Entwicklungsländern gegenwärtig und in der nächsten Zukunft zu stark ist, als daß unter beliebigen Produktionsverhältnissen in der nächsten Zukunft eine ausreichende Ernährung zugesichert werden könnte. Und für die weitere Zukunft überlassen wir Marxisten es den Menschen, aus den späteren Verhältnissen heraus zu entscheiden, ob und in welchem Tempo sie sich weiter vermehren wollen, solange jede Familie die Freiheit hat, über ihre Größe zu entscheiden unter den Bedingungen eines ausreichenden materiellen Lebensstandards. Wir verfügen über keine andere Theorie oder Ratschlagsammlung. Das heißt, wir sind unbedingt für eine Einschränkung der Wachstumsrate in den Entwicklungsländern, was die nächste Zukunft betrifft, ohne deswegen bereit zu sein, etwa irgendeine Auffassung hinsichtlich des Jahres 2025 zu äußern.

Was die Nahrungsmittelproduktion betrifft, so weisen die Autoren mit Recht darauf hin, daß, wenn die Bevölkerung sich im gegenwärtigen Tempo vermehrt, der Boden wohl nicht ausreicht, um sie auf die Dauer ernähren zu können. Sie nehmen zwar eine starke Verbesserung der Bodenerträge als möglich an. Aber man wird ihnen zustimmen, daß es zumindest zweifelhaft ist, ob Technisierung, Chemisierung und Züchtung mit einer so schnellen Weltbevölkerungsvermehrung wie der gegenwärtigen auf die Dauer mitkommen, und überdies ist ein „Mitkommen“ viel zu wenig; wir brauchen ein wesentlich schnelleres Wachstum der Nahrungsmittelproduktion als das der Bevölkerung. Selbstverständlich läßt es sich denken, daß man natürliche durch künstliche Nahrungsmittel ersetzt; aber das kann nur eine Notlösung sein, da es wahrlich kein Vergnügen für die Menschen ist, auf natürliche Nahrungsmittel verzichten zu müssen – wieviel weniger gut schmecken schon die industriebetriebsmäßig gezüchteten Hühner als die natürlich, gut gefüttert aufwachsenden. So groß die Nahrungsmittelnot heute in der Welt auch ist, so denken wir Marxisten doch gar nicht daran, der Menschheit für die spätere Zukunft vom Nahrungsmittelgenuß (Genuß von genießen!) abzuraten zugunsten einer chemischen Fütterung.

Es ist in diesem Zusammenhang auch interessant, daß die so stark vom materiellen Wachstum abratenden Autoren keine Verminderung des Wachstums der Nahrungsmittelproduktion empfehlen.

Während aber die Nahrungsmittelproduktion weiter wachsen soll, gilt das nicht für die Industrie.

Eine der Grenzen, die sie für das Wachstum der Industrie sehen, ist die Knappheit an Rohstoffen bzw. die Schwierigkeit ihrer umfassenden Regenerierung.

Sie zitieren dazu eine amerikanische Regierungsveröffentlichung:

„Auch wenn man wirtschaftliche Faktoren wie Preiserhöhungen bei Verknappung nicht in Betracht zieht, erscheinen uns die gegenwärtigen Vorräte an Platin, Gold, Zink und Blei nicht ausreichend, um die Nachfrage zu befriedigen. Bei der gegenwärtigen Expansionsrate . . . können Silber, Zink und Uran selbst bei sehr hohen Preisen noch in diesem Jahrhundert knapp werden. Bei der gegenwärtigen Verbrauchsrate ist zu erwarten, daß um 2050 die Vorkommen weiterer Minerale erschöpft sind.

Zwar wurden erst in jüngster Zeit neue Vorkommen entdeckt, aber es gibt nicht mehr viele Gebiete, in denen die Suche nach Mineralien noch sinnvoll ist. Die Ansichten der Geologen über die Chancen, auf neue ergiebige Erzlagerstätten zu stoßen, gehen auseinander. Es wäre auf lange Sicht unklug, sich auf Neuentdeckungen zu verlassen.“[45]

Die Autoren von „Die Grenzen des Wachstums“ schließen sich dieser Ansicht an und bemerken: „Ebenso wie exponentiell steigender Landbedarf rasch gegen die Grenze des verfügbaren Landes stößt, kann analog exponentieller Rohstoffverbrauch rapide zu einer Erschöpfung der vorhandenen Lagerstätten führen.“[46]

Um solches zu verhindern, sehen die Autoren auch keine Hoffnung auf die Dauer in Regenerationsverfahren, da diese im allgemeinen kostspielig wären.

Da aber der Rohstoffverbrauch einer der Faktoren ist, der

die Industrieproduktion bestimmt, so seien dem künftigen Wachstum der Industrie enge Grenzen gesetzt. So wie die Begrenztheit der Steigerung der Nahrungsmittelproduktion der Bevölkerungssteigerung eine Grenze setze, so richte die Begrenztheit der Rohstoffvorkommen vor der Steigerung der Industrieproduktion eine Schranke auf.

Nun wird niemand leugnen, daß es nur eine endliche Zahl von Rohstoffen in dieser Welt gibt. Aber es ist unsinnig zu behaupten, daß diese Begrenztheit der vorhandenen Rohstoffe irgendeine Rolle für die Industrieproduktion der nächsten 100 oder 1000 oder 100 000 Jahre spielen kann. Sehr richtig antwortet Rechtziegler auf die Argumentation der baldigen Erschöpfung der Rohstoffe:

„Eine der Grundthesen des Buches („Die Grenzen des Wachstums" – J. K.) lautet, die nicht regenerierbaren Rohstoffvorräte würden sich im 21. Jahrhundert erschöpfen. Diese Behauptung unterstellt, daß sich der Verbrauch der einzelnen sich nicht regenerierenden Rohstoffe künftig so entwickelt wie bisher, also exponentiell wächst. Übersehen wird, daß der technische Fortschritt zunehmend zur Substitution von Rohstoffen führt, daß die Entwicklung bei den einzelnen Rohstoffarten äußerst ungleichmäßig ist und daß die tatsächlichen Rohstoffvorräte erheblich größer sind, als von den Autoren vermutet wird. Die heute bekannten Rohstoffvorräte sind meist größer als die vor 20 Jahren nachgewiesenen. Alle Prognosen, die eine baldige Verknappung der Rohstoffvorräte voraussagten, erwiesen sich als falsch. Bisher werden lediglich die Bodenschätze ausgebeutet, die in der Nähe der Erdoberfläche liegen. In tiefere Schichten der Erde ist der Mensch noch nicht vorgedrungen, und der Abbau von Bodenschätzen auf dem Meeresboden hat kaum begonnen. Durch den wissenschaftlich-technischen Fortschritt wächst schließlich die Zahl jener bisher ungenutzten Materialien, die sich in wertvolle Rohstoffe verwandeln lassen, wie z. B. Uran. Das, was jeweils als Rohstoffreserve nachweisbar wird, ist also keineswegs eine statistische, sondern eine dynamische Größe, die sich mit dem wissenschaftlich-technischen Fortschritt entwickelt.

Sicher ist der Hinweis der Autoren richtig und muß sehr ernst genommen werden, daß die Vorräte einzelner Rohstoffe absolut begrenzt sind und die bekannten Vorräte bei einigen Rohstoffen nur noch 50 bis 100 Jahre reichen, falls der Raubbau an ihnen anhält. Es gilt also, um den sorgsamen Umgang mit diesen Vorräten zu ringen und dem kapitalistischen Raubbau an ihnen den Kampf anzusagen. Denn das Kapitalverwertungsinteresse des privaten Einzelkapitals schließt die Beachtung der Fernwirkungen seines Agierens aus und kennt keine Rücksicht auf künftige Generationen.

Das imperialistische System erweist sich zunehmend außerstande, die neuen Dimensionen des Stoffwechsels zwischen Mensch und Natur im Interesse der Masse der Menschen zu beherrschen. Notwendig ist deshalb, die Ursachen dieser Entwicklung, die kapitalistische Profitwirtschaft und das Monopol des privaten Grundeigentums, zu überwinden. Im dritten Band des ‚Kapitals' schrieb Karl Marx:

‚Vom Standpunkt einer höhern ökonomischen Gesellschaftsformation wird das Privateigentum einzelner Individuen am Erdball ganz so abgeschmackt erscheinen, wie das Privateigentum eines Menschen an einem andern Menschen. Selbst eine ganze Gesellschaft, eine Nation, ja alle gleichzeitigen Gesellschaften zusammengenommen, sind nicht Eigentümer der Erde. Sie sind nur ihre Besitzer, ihre Nutznießer, und haben sie als boni patres familias den nachfolgenden Generationen verbessert zu hinterlassen.'[47]...

Die Intensivierung des Stoffwechsels zwischen Mensch und Natur unter den Bedingungen der wissenschaftlich-technischen Revolution erfordert, die Herrschaft des Menschen über die Natur so zu gestalten, daß weder dem Menschen noch seiner natürlichen Umwelt kurz- und langfristig Schaden zugefügt wird, daß die Natur als Quelle des gesellschaftlichen Reichtums nicht zerstört, nicht Raubbau an ihr getrieben, sondern daß sie planmäßig erweitert reproduziert und daß sie in den Dienst der Völker gestellt wird."[48; 49]

Überdies ist die Analogie zwischen der Industrie und der Bevölkerung, die die Autoren aufstellen, grundfalsch. Während es unsinnig ist, von einem starken Bedarf nach Bevölkerungsvermehrung zu sprechen und ganz im Gegenteil die Menschen auch in den sozialistischen Ländern, zumindest gegenwärtig, keineswegs ein Bedürfnis nach erweiterter Reproduktion der Familie zeigen, also ihrem eigenen Wachstum eine Grenze von sich aus gesetzt haben, besteht selbstverständlich gegenwärtig und auch für die absehbare Zukunft ein starker Bedarf nach einer wachsenden Zahl von Industrieprodukten.

Das heißt, während der Ruf nach einer Begrenzung der Bevölkerungsvermehrung überall dort, wo die Menschen die Freiheit und die Mittel haben, die Größe ihrer Familie zu begrenzen, zu spät kommt und überflüssig ist, weil bereits einfache Reproduktion herrscht, ist der Ruf nach Beschränkung der Industrieproduktion, um die Rohstoffe zu schonen, ein Ruf nach Beschränkung des Lebensstandards, ein Aufruf zum Rückschritt, der wahrlich keine Berechtigung hat.

Denn auch die Vermutung der Autoren einer zweiten Schranke für die Ausdehnung der Industrieproduktion, nämlich auf dem Gebiet der Erzeugung von Energie, ist unrichtig. Sie sagen: „Die Technik der Energiefreisetzung durch gesteuerte Kernspaltung hat bereits die Grenzen, die durch die beschränkten Vorräte an natürlichen Brennstoffen gesetzt sind, erweitert. Es ist auch möglich, daß die Entwicklung schneller Brüter und vielleicht sogar von Fusions-Kernkraftwerken die Nutzungsdauer spaltbarer Substanzen wie etwa Uran beträchtlich erhöht. Bedeutet das nun, daß der Mensch reiche und unerschöpfliche Energiequellen beherrscht?“[50]

Eigentlich geben die Autoren auf die Frage, die sie stellen, keine Antwort. Sie setzen sie nur in das Buch, um neue Zweifel an der Möglichkeit des Wachstums der Industrie auf längere Zeit auszulösen.

Wohl aber verbinden sie die Frage der Energieproduktion mit der der Regeneration von Rohstoffen:

„Welche Auswirkung hat die ständig zunehmende Nutzung von Kernenergie auf die Rohstoffvorräte?

Einige Experten sind der Ansicht, große Energiemengen würden es ermöglichen, bisher nicht zugängliche Rohstoffe zu entdecken und nutzbar zu machen, zum Beispiel Materialien vom Grund der Ozeane, magere Erze, sogar normales Gestein zu verarbeiten und aus dem Abfall die Metalle zurückzugewinnen. Dieser Glaube ist zwar weit verbreitet, aber keineswegs allgemein anerkannt, wie die Ausführungen des Geologen Thomas Lovering darlegen:

‚Billige Energie würde faktisch die Unkosten bei der Rohstoffgewinnung aus Gestein kaum senken. Die enormen Mengen unbrauchbaren Abfalls, die pro Einheit Metall aus normalem Granit gewonnen werden (bestenfalls 2000 Einheiten Abfall auf 1 Einheit Metall) sind im Planungsbüro theoretisch leichter zu beseitigen als im Gelände ... Zur Metallgewinnung muß der Fels abgesprengt werden, man muß ihn brechen und mahlen und mit speziellen chemischen Lösungsmitteln für die Metalle flotieren. Vorkehrungen müssen getroffen werden, damit von den Lösungsmitteln nichts verloren geht und Grund- wie Oberflächenwasser nicht verseucht werden. Kernenergie kann diese Maßnahmen nicht erleichtern.'"[51;52]

Und damit sind wir beim Problem der Umweltverschmutzung, die ja nach Ansicht der Autoren ein weiterer Faktor ist, der dem Wachstum der Wirtschaft Grenzen setzt. Aber bevor wir uns mit der Frage der Umweltverschmutzung beschäftigen, sei noch die Argumentation der Autoren von „Die Grenzen des Wachstums" hinsichtlich der Rohstoffe und der Energie abgeschlossen. Da sie letztlich doch nicht unbedingt an eine Grenze der Energieerzeugung in irgendwie absehbarer Zeit (und warum überhaupt?) glauben, und da sie wohl auch recht unsicher sind, ob es wirklich mit der Rohstoffversorgung unter Berücksichtigung der Regenerationsmöglichkeiten so schlecht steht, erklären sie sich bereit: „Wir wollen jedoch annehmen, daß die Optimisten unter den Technologen recht haben und die Kernenergie die Rohstoffprobleme auf dieser Erde lösen kann."[53]

Was passiert dann? Dann setzt eben die Umweltverschmutzung allem Wachstum ein Ende. Die Umweltverschmutzung ist der letzte der „fünf wichtigen Trends mit weltweiter Wirkung", den die Autoren untersuchen.

Sie beginnen ihre Ausführungen mit einem Zitat: „Viele Leute ... schließen aus sich mehrenden objektiven Anzeichen, daß sich die Länge der Lebenstätigkeit in unserer Biosphäre als einer für Organismen zuträglichen Umwelt nur nach Jahrzehnten statt nach Hunderten von Jahrmillionen bemißt. Dies ist allein Schuld und Ergebnis unserer eigenen zoologischen Art."[54]

Die Autoren fügen daran eine Untersuchung unter der Überschrift „Exponentiell zunehmende Umweltverschmutzung". Dazu machen sie interessante, kenntnisreiche Ausführungen, die in folgenden Gedankengängen schließen:

„Da die Schadstofffreisetzung eine recht komplizierte Funktion aus Bevölkerung, Industrialisierung und eines spezifisch technologischen Entwicklungsstandes ist, wird es sehr schwierig zu bestimmen, wie rasch die Kurve der gesamten Umweltverschmutzung ansteigt. Wenn die 7 Milliarden Erdbewohner des Jahres 2000 ein Nationalprodukt in Höhe der heutigen Bürger der USA hätten, müßte man, ausgehend vom heutigen Wert, mit mindestens der zehnfachen Umweltbelastung durch Schadstoffe rechnen. Wir wissen nicht, ob das ökologische System unserer Erde dies verkraften könnte . . . Wir wissen jedoch, daß es eine Maximalgrenze gibt. In eng begrenzten Bezirken wurde sie bereits überschritten. Die sicherste Art, sie global zu erreichen, liegt in dem exponentiellen Wachstum der Bevölkerung und der ebenso exponentiell zunehmenden schadstofffreisetzenden Handlungsweise jeder einzelnen Person."[55]

Also Steigerung des materiellen Lebensstandards bringt eine weitere Schädigung der Umwelt. Die Menschheit scheint vor der Alternative zu stehen: Erhöhung des materiellen Lebensstandards und Senkung der Möglichkeit eines gesunden Lebens und hohen Alters – oder zurück zur Lebensweise des Urmenschen in gesunder Luft.

Rechtziegler setzt sich so mit den Autoren auseinander: „Die zunehmende Umweltverschmutzung in den kapitalistischen Staaten, die nach Ansicht der Autoren exponentiell zunehme (S. 59), werde durch das Wachstum der Bevölkerung, der Nahrungsmittelproduktion, der Industrie und des technischen Fortschritts verursacht. ‚In irgendeiner Weise sind die meisten Schadstoffe in diesem komplizierten Weltsystem sowohl mit dem Bevölkerungswachstum wie mit dem industriellen Wachstum verknüpft.' (S. 59)

Damit wird von den Autoren der Studie eine der gängigen bürgerlichen Erklärungen für den kapitalistischen Raubbau an der Natur aufgegriffen. Die eigentliche Ursache hierfür, das kapitalistische Profitsystem, wird verschwiegen. Im dritten Band des ‚Kapital' wies Karl Marx nach:

‚Die *wahre Schranke* der kapitalistischen Produktion ist *das Kapital selbst,* ist dies: daß das Kapital und seine Selbstverwertung als Ausgangspunkt und Endpunkt, als Motiv und Zweck der Produktion erscheint; daß die Produktion nur Produktion für das *Kapital* ist und nicht umgekehrt die Produktionsmittel bloße Mittel für eine stets sich erweiternde Gestaltung des Lebensprozesses für die *Gesellschaft* der Produzenten sind.'[56]

Das Streben nach Kapitalverwertung ist der Dreh- und Angelpunkt des Kapitalismus. Es bestimmt auch das Verhältnis zur natürlichen Umwelt und ist die tiefere Ursache des Raubbaus an der Natur.

Der aggressive und expansive Charakter des Imperialismus zeitigt in dieser Hinsicht die verheerendsten Ergebnisse. Dafür ist heute der verbrecherische Aggressionskrieg der USA in Indochina deutlichster Beweis: Hier führt imperialistische Aggression zur Umweltzerstörung größten Umfangs, zur direkten und unmittelbaren Untergrabung der Lebensgrundlagen der Menschen durch Verseuchung von landwirtschaftlicher Nutzfläche, Vernichtung der Wälder, Untergrabung des Gesundheitszustandes der Menschen und durch den Versuch, verheerende Überschwemmungen durch Zerstörung von Deichanlagen hervorzurufen. Zugleich werden unter der Macht des Kapitals infolge seines Strebens nach Maximalprofit dem Schutz der natürlichen Umwelt die notwendigen Mittel selbst im ‚eigenen' Lande vorenthalten, bleiben die notwendigen Maßnahmen, um den Raubbau an der Natur von vornherein zu verhindern bzw. einzudämmen, beschränkt, oder sie unterbleiben gänzlich, solange die Kapitalverwertungsbedingungen nicht unmittelbar beeinträchtigt werden und der Imperialismus durch den ökonomischen Wettbewerb der beiden Weltsysteme und den Kampf der Arbeiterklasse in den kapitalistischen Staaten nicht gezwungen wird, sie zu ergreifen . . .

In den kapitalistischen Staaten wächst die Umweltverschmutzung und Verwüstung der Natur unaufhörlich. Diese dem kapitalistischen Profitstreben geschuldete Entwicklung ist kein gesellschaftliches und politisches Problem der Zukunft, sondern berührt die Gesundheit, das Leben und die materiellen Existenzgrundlagen der Menschen auf der ganzen Erde von heute. Die Umweltproblematik in den kapitalistischen Staaten wird nicht, wie die Autoren der Studie behaupten, durch den Fortschritt von Wissenschaft und Technik und das Wachstum der Bevölkerung verursacht, sondern durch die kapitalistische Art und Weise der Produktion, ihrer Unterordnung unter das Profitprinzip. Der Raubbau an der Natur ist deshalb auch kein prinzipiell neues Problem. Karl Marx schrieb im ersten Band des ‚Kapital':

‚Und jeder Fortschritt der kapitalistischen Agrikultur ist nicht nur ein Fortschritt in der Kunst, den *Arbeiter,* sondern zugleich in der Kunst, *den Boden zu berauben,* jeder Fortschritt in der Steigerung seiner Fruchtbarkeit für eine gegebene Zeit zugleich ein Fortschritt im Ruin der dauernden Quellen dieser Fruchtbarkeit. Je mehr ein Land, wie die Vereinigten Staaten von Nordamerika z. B„ von der großen Industrie als dem Hinterland seiner Entwicklung ausgeht, desto rascher dieser Zerstörungsprozeß. Die kapitalistische Produktion entwickelt daher nur die Technik und Kombination des gesellschaftlichen Produktionsprozesses, indem sie zugleich die Springquellen allen Reichtums untergräbt: *die Erde und den Arbeiter.*'[57]

Neu am kapitalistischen Raubbau an der Natur sind die Dimension und die damit einhergehenden großen Gefahren für die Menschen. Der dem Kapitalismus eigene Raubbau an den natürlichen Umweltbedingungen droht sich unter den Bedingungen der wissenschaftlich-technischen Revolution zu einer Umweltkrise auszuweiten. Umweltschäden haben nicht nur nationale, sondern auch regionale und globale Folgen und lassen sich durch Ländergrenzen nicht aufhalten. Umweltschutz ist deshalb eine internationale Angelegenheit, die internationale Zusammenarbeit zwingend erfordert.

Der wachsende gesellschaftliche Charakter der Produktion und die neuen Dimensionen des Stoffwechsels zwischen Mensch und Umwelt geraten zunehmend in Widerspruch zu der privatkapitalistischen, anarchischen Form der Gestaltung der Beziehungen von Mensch und Umwelt. Nur durch die planmäßige und gesellschaftliche Nutzung der Potenzen des wissenschaftlich-technischen Fortschritts können aber die bewußte Reproduktion der natürlichen Umwelt gesichert und die bereits verursachten Umweltschäden gemildert werden. Nur wenn die Reproduktion der natürlichen Umwelt einen integrierten Bestandteil des einheitlichen gesellschaftlichen Reproduktionsprozesses darstellt, können dauerhafte Schäden an der Natur verhindert werden. Das Streben nach Maximalprofit steht dem aber entgegen."[58]

Wir haben Rechtzieglers Ausführungen so breit zitiert, weil

sie ganz ausgezeichnet erklären, warum die Umweltschädigung so riesige Ausmaße angenommen hat. Aber sie sind natürlich keine Widerlegung der Annahme der Autoren von „Die Grenzen des Wachstums“, daß die Umweltschädigung exponentiell zunehmen wird. Denn erklären und interpretieren ist eine Sache, verändern ist eine andere Sache.

Wie äußern sich die Autoren zur Frage der Veränderung?

„Vielleicht macht die technische Entwicklung eine Industrie mit stark reduzierter Umweltgefährdung möglich, sicherlich aber nur unter hohen Unkosten. Der US-Ausschuß für Umweltschutz hat Ausgaben in Höhe von 105 Milliarden Dollar bis 1975 nur für eine partielle Besserung der Luft über den USA, der amerikanischen Gewässer und der Beseitigung fester Abfälle gefordert. 42 Prozent des Betrages soll die Industrie tragen. Ein Land kann jederzeit solche enormen Ausgaben zurückstellen, um zunächst die Wachstumsrate seines Haushalts zu verbessern. Möglich ist das aber nur durch eine weitere Verschlechterung der künftigen Umweltbedingungen, die sich wahrscheinlich nur mit sehr viel höheren Ausgaben rückgängig machen lassen.“[59]

Und genau das ist bereits in den USA geschehen. Selbst eine viel kleinere vom Kongreß bewilligte Summe wurde von der Exekutive nicht ausgegeben.

Das heißt, wir können mit großer Sicherheit damit rechnen, daß die Umweltverschmutzung im größeren Teil der Welt, nämlich überall dort, wo der Kapitalismus noch herrscht, wenn nicht exponentiell, so doch mindestens beachtlich weiter zunehmen wird.

Dazu kommt folgende weitere Feststellung der Autoren:

„Gegenwärtig bereitet nur den hochentwickelten Industrienationen die Umweltverschmutzung Sorgen. Unglücklicherweise besitzen viele Schadstoffe die Eigenschaft, sich weltweit zu verbreiten. Grönland liegt weit entfernt von allen Zentren atmosphärischer Bleivergiftung. Dennoch ist seit 1940 der jährliche Bleiniederschlag auf Grönland um 300 Prozent angestiegen.[60] DDT hat sich im menschlichen Körper an allen Stellen des Erdballs angereichert, bei den Eskimos in Alaska ebenso wie bei den Bewohnern Neu-Delhis.“[61]

Und wie steht es mit der Umweltschädigung in den sozialistischen Ländern? Gut ausgewogen bemerkt Rechtziegler:

„Sicher werfen der wissenschaftlich-technische Fortschritt und das wirtschaftliche Wachstum nicht wenige und ernste Probleme für die Reproduktion der natürlichen Umwelt auf. Unsere Kenntnisse über die langfristigen Folgen bzw. Nebenwirkungen des wissenschaftlich-technischen Fortschritts sind noch längst nicht ausreichend und teilweise sogar dürftig. Deshalb gilt es, größeres Augenmerk diesem Problem zu schenken und die Folgen bzw. Nebenwirkungen bestimmter Techniken, Technologien und Verfahren vor Einführung bzw. bei ihrer Erprobung zu analysieren und nicht blind dem technischen Fortschritt zu vertrauen.

Ein kritisches Verhältnis zum wissenschaftlich-technischen Fortschritt ist also durchaus angebracht. Die sozialistischen Produktionsverhältnisse bieten für ein solches Herangehen die beste Gewähr. Die sozialistischen Staaten gehen an die neuen mit der wissenschaftlich-technischen Revolution verbundenen Probleme des Stoffwechsels von Mensch und Natur planmäßig heran. Maßnahmen zum Schutz, zur Verbesserung und zur erweiterten Reproduktion der natürlichen und der gebauten Umwelt werden im Interesse der Werktätigen beschlossen und Schritt für Schritt durchgeführt. Die Bewältigung der Umweltprobleme stellt einen wesentlichen Teil der Maßnahmen zur Verbesserung der Arbeits- und Lebensbedingungen der Werktätigen dar und ist ein fester Bestandteil der Wirtschafts- und Sozialpolitik der DDR, deren Ziel Erich Honecker auf dem VIII. Parteitag der SED folgendermaßen erläuterte:
‚Wir kennen nur ein Ziel, das die gesamte Politik unserer Partei durchdringt: alles zu tun für das Wohl des Menschen, für das Glück des Volkes, für die Interessen der Arbeiterklasse und aller Werktätigen. Das ist der Sinn des Sozialismus. Dafür arbeiten und kämpfen wir.‘[62]

Die sozialistische Gesellschaft hat ein objektives Interesse daran, die mit den neuen Dimensionen des Stoffwechsels zwischen Mensch und Natur verbundenen Probleme zu lösen.

Dagegen berücksichtigt das private Einzelkapital die Neben- und Fernwirkungen des technischen Fortschritts nur insoweit, als sie die eigenen Kapitalverwertungsbedingungen berühren oder der Kampf der Arbeiterklasse es zu Maßnahmen zwingt, die im Interesse der Allgemeinheit liegen. Staatliche Maßnahmen zum Schutze der natürlichen Umwelt in den kapitalistischen

Staaten können wohl dieses oder jenes in diesem Zusammenhang auftretende Problem partiell lösen, die Folgen des durch das kapitalistische Profitstreben verursachten Raubbaus an der Natur eindämmen und die Kapitalverwertung sichern. Die Ursachen der kapitalistischen Umweltkrise bleiben aber unangetastet, wirken weiter. Ein erfolgreicher Kampf gegen den Raubbau an der natürlichen Umwelt muß deshalb zugleich Kampf gegen die Allmacht des Kapitals sein."[63]

Hinzufügen aber muß man die von den Autoren angeschnittene Problematik der hohen Kosten sowohl der Verhinderung der weiteren Umweltschädigung wie auch der Wiedergutmachung der schon vorhandenen Schädigung. Ist es doch natürlich keineswegs einfach zu entscheiden zwischen 4 oder 5 Prozent Steigerung der Industrieproduktion, wenn 5 Prozent Steigerung, sagen wir, keine Besserung der Umweltverhältnisse bedeuten und zugleich die kapitalistische Produktion ebenfalls eine beachtliche Steigerung der Produktion aufweist. Den Kapitalismus einholen und überholen bei gleichzeitig ausreichendem Umweltschutz ist weit, weit schwerer als einholen und überholen bei gleichzeitiger zumindest teilweiser Umweltschutzvernachlässigung, wenn der Gegner sein Wirtschaftspotential praktisch ohne Umweltschutzmaßnahmen erhöht.

Man darf doch nicht langfristige strategische Maßnahmen und Absichten mit den taktischen Erfordernissen einer taktischen Klassenkampfsituation verwechseln. Darum ist auch in den sozialistischen Ländern die Umweltschutzfrage gegenwärtig eine überaus ernste Problematik, die keineswegs einer Lösung nahe ist.

Und dazu kommt noch die spontane Umweltverschmutzung durch unsere Unkenntnis und mangelnde Voraussicht zahlreicher Auswirkungen neuer wirtschaftlicher Prozesse.

Der Prozeß der Produktion und des Konsums hat in der Geschichte der Menschheit doch folgende Entwicklung genommen:

1. Stufe: Man lebte im wörtlichsten Sinne von der produzierenden Hand in den konsumierenden Mund.

2. Stufe: Mit der Ausweitung der Warenproduktion weitete sich zwischen Produktion und Konsum immer stärker als dritte Sphäre der Handel, zu dem seit dem Kapitalismus auch immer ausgedehntere Dienstleistungen hinzukommen.

3. Stufe: Mit der Ausweitung der Produktion weitet sich (seit

langem schon in der Landwirtschaft) heute auch der Prozeß der Reproduktion der Natur-Umwelt.

Die erste Stufe ist kennzeichnend für die Urgemeinschaft, die zweite Stufe für die nachfolgenden Gesellschaftsordnungen. Die dritte Stufe, die in der Landwirtschaft schon sehr früh begann, gewinnt gesamtgesellschaftliche Bedeutung erst mit der starken Ausdehnung der Industrie im Kapitalismus und im Sozialismus. Zunächst wehrte man sich gegen sie im Namen des Fortschritts. Als 1824 sich umweltbesorgte, gern frische Luft atmende Bürger in England gegen die rauchenden Schornsteine eines Fabrikbesitzers namens Benjamin Gott wehrten, wurde dieser vom Richter Bayley von jeder Schadensleistung freigesprochen und die Bürger ermahnt, die rauchenden Schornsteine zu ertragen, „um des Fortschritts in der Fabrikindustrie willen".[64]

Heute erklären die Monopolisten ganz offen, sie täten ihr Bestes, um die Umwelt zu schützen – aber die Kosten seien zu hoch.

Selbstverständlich sind die Kosten nicht niedrig. Selbstverständlich übt der Umweltschutz einen Druck auf die Steigerung der Produktivität aus. Wenn statt 100 Arbeitern nur noch 90 für die Produktion zur Verfügung stehen, weil 10 damit beschäftigt sind, die Folgen der Produktion für die Umwelt abzuwenden, dann kann die gesellschaftliche Produktivität nicht unmittelbar so stark steigen, als wenn 100 Arbeiter nur mit der Produktion beschäftigt sind.

Niemand aber kann bestreiten, daß auf die Dauer die Produktivität viel mehr steigt, wenn die Enkel der Arbeiter von heute infolge von Umweltschutzmaßnahmen in der Gegenwart nicht nur noch arbeitsfähig sind, sondern viel arbeitsfähiger als ihre Großväter.

Im zweiten Teil ihrer Studie untersuchen die Autoren die Wechselwirkungen der einzelnen fünf Haupttendenzen aufeinander, nachdem sie einleitend gegen die, die voll Vertrauen auf die Technik mit Zuversicht in die Zukunft sehen, polemisiert haben:

„Diese Leute blicken mit unerschütterlichem Vertrauen auf die Technik in die Zukunft:

‚Wir sehen keine Grenzen, weder in der Beschaffung von Rohstoffen noch in der Energieerzeugung, die nicht durch Veränderungen in der Preisstruktur, durch Ersatzmaterialien, technischen Fortschritt und Kontrollmaßnahmen der Umweltverschmutzung überwunden werden könnten.'[65]

,Bei der gegebenen Kapazität der Erde, Nahrungsmittel zu erzeugen und der Möglichkeit, zusätzliche Nährstoffe durch stärkeres Heranziehen moderner technischer Methoden bereitzustellen, besitzt die menschliche Rasse eindeutig die Fähigkeit, den Hunger von der Erde in einem oder in zwei Jahrzehnten zu verbannen.'[66]

,Die menschliche Fähigkeit, reiche und unerschöpfliche Energiequellen zu beherrschen und noch weit mehr mit einer geringeren Beanspruchung des Wassers, der Luft und mit den Mitteln der Raumfahrt zu erreichen, haben erwiesen, daß die Lehre von Malthus falsch war. Weitreichender physikalischer und wirtschaftlicher Fortschritt kann nun innerhalb eines Vierteljahrhunderts erreicht werden.'[67]"

Und dann fragen sie: „Lassen sich diese Äußerungen mit den aufgezeigten Grenzen des Wachstums in Einklang bringen? Können neue technische Entwicklungen die Tendenz unseres Weltsystems, bis zum Zusammenbruch weiterzuwachsen, verändern?"[68]

In ihren nun folgenden Untersuchungen werden sie eine verneinende Antwort geben. Bevor wir uns aber mit ihnen beschäftigen, sei folgendes bemerkt: Solch positive, zuversichtliche Äußerungen, wie sie hier gemacht wurden, sind Zeugnis eines gesunden, jedoch naiven und unwissenden Optimismus. Mit technokratischen Hoffnungen kann man nicht mehr überzeugen. Wer nicht erkennt, daß technischer Fortschritt heute nur dann noch gesellschaftliche Probleme lösen kann, wenn er von gesellschaftlichem Fortschritt begleitet ist, wer wissenschaftlich-technischen Fortschritt und gesellschaftlichen Fortschritt identifiziert, der mißversteht den Ernst der Situation in der kapitalistischen Welt und in der Welt überhaupt.

Und umgekehrt muß man feststellen, daß die negativen Perspektiven des Null-Wachstums ebenfalls auf einer rein technokratischen Betrachtung der Probleme beruhen, eben darauf, daß die sozialökonomische Problematik der Gestaltung der Produktionsverhältnisse ausgeschaltet ist.

Weder Pessimismus noch Optimismus noch eine abwartende

Haltung in bezug auf die Zukunft des gesellschaftlichen Lebens der Menschheit sind berechtigt, wenn die Haltungen auf einer rein technokratischen Betrachtung der Umstände beruhen. Zugleich aber muß man sehen, daß weder die Experten des Massachusetts Institute of Technology eine andere Studie hätten machen können, noch der Club of Rome eine andere als eine rein technokratische Studie gefördert hätte. Denn wenn die gesellschaftlichen Konsequenzen gezogen worden wären, wenn gezeigt worden wäre, daß eine soziale Lösung durch Vergesellschaftung der Produktionsmittel die Wachstumsschranken niederreißen würde, dann wären alle gegen eine solche Untersuchung aufgetreten.

Jedoch scheitert die technokratische Betrachtung der Autoren nicht nur insofern, als sie keinen Ausweg zu weiterem materiellen Fortschritt aufzeigt, sie scheitert auch als Scheinlösung vom Standpunkt des Monopolkapitals, worauf Rechtziegler so hingewiesen hat: „Der Vorschlag der Autoren, das Wachstum der Produktivkräfte zu drosseln, ein ‚Null-Wachstum‘ anzustreben und auf diese Weise das imperialistische System stabilisieren zu helfen, ignoriert zunächst einmal schon das Wesen der kapitalistischen Produktionsweise und müßte sie folglich selbst auf ihrem verschrobenen Gedankengang zu der Erkenntnis führen, daß der Kapitalismus überlebt ist. Denn das Ziel der kapitalistischen Produktion, die maximale Verwertung des Kapitals, kann nur realisiert werden, wenn das Kapital akkumuliert und gesellschaftliche Arbeit freisetzt, also die Arbeitsproduktivität und die Produktivkräfte entwickelt. Da Wachstum im Kapitalismus stets Wachstum des Kapitals ist[69], würde ‚Null-Wachstum‘ die Abschaffung des Kapitalismus bedeuten, denn das Kapital kann ohne zu akkumulieren nicht existieren. Deshalb ist es auch gar nicht verwunderlich, wenn der Unternehmerbrief des Deutschen Industrieinstituts diese Studie als ein ‚Spiel mit Computern‘ bezeichnete. Wörtlich heißt es dort: ‚Das Ergebnis hat mit der Wirklichkeit nichts mehr zu tun, weil die Grenzen einer realistischen Aussage überschritten wurden.‘“[70;71]

Die „Grenzen des Wachstums“ sind im Grunde das Produkt der Grenzen des a-sozialen Verstandes der Autoren. Nicht, daß sie nicht voll sozialer Gefühle sind – warum sollten sie nicht sozial besorgte Menschen sein? Aber mit Gefühlen und Besorgtheit kann man nicht die Probleme dieser Welt erkennen und noch viel weniger Lösungen für sie vorschlagen. Dazu gehört wissenschaftliche Einsicht in den Gang der Welt, dazu gehört ein sozialer Verstand, dazu gehört eine Theorie des gesellschaftlichen Fortschritts, die die Realität richtig interpretieren und darum auch verändern kann.

Und gerade das Fehlen dieser Eigenschaften drückt den zweiten Teil der Studie, die sich mit den Wechselwirkungen der genannten fünf Faktoren aufeinander beschäftigt, auf ein so kümmerliches Niveau.

Die Autoren konstruieren eine Reihe von Modellen mit wechselnden Hypothesen über die Gestaltung des Wachstums.

Das erste Modell zeigt: „Um das Problem der zur Neige gehenden Rohstoffvorräte auszuschalten, wurde im Weltmodell simuliert, daß erstens mit Hilfe der Kernenergie vorhandene Vorräte doppelt so gut ausgenutzt würden und daß zweitens mit Hilfe der Kernenergie die Wiederverwendung und Ersetzung der Rohstoffe möglich würden. Wenn in diesem System nur diese Veränderungen vorgenommen werden, wird das Bevölkerungswachstum durch steigende Umweltverschmutzung gestoppt.“[72]

Niemand wird die Aussage bestreiten, daß, wenn die Umweltverschmutzung immer weiter so wie bisher vor sich geht, das zum Ende der Menschheit führen kann. In der Tat gibt es doch niemanden, der heute behauptet, daß die allmähliche Zerstörung der für die Menschen geeigneten Umwelt kein Problem wäre.

Hier wird also eine „Grenze des Wachstums“ aufgezeigt, die genau den gleichen „tiefen Sinn“ hat, wie wenn man behaupten würde, daß eine immer schnellere Folge von Weltkriegen zu einem Rückschlag für die Weltbevölkerung führen muß, auch wenn die Rohstoffvorräte unbegrenzt sind. So richtig es ist, daß es Kräfte gibt, die einen neuen Weltkrieg vorbereiten, so richtig es ist, daß die Monopolunternehmen nicht daran denken, den Umweltschaden, den sie verursachen, wieder gutzumachen, so tritt doch niemand offen für ein Wachstum von Weltkriegen und von Weltverschmutzung ein. Und alle die, die für Wachstum und Fortschritt in dieser Welt eintreten, meinen damit weder Weltkriege noch Umweltverschmutzung. Dieses „Weltmodell“ beweist also nichts als die Kümmerlichkeit des Denkprozesses seiner Konstrukteure.

Das zweite Modell mit der Überschrift „Unbegrenzte Rohstoffvorräte und kontrollierte Umweltverschmutzung“ beruht auf folgenden Voraussetzungen: Es „wurde angenommen, daß ab 1975 die Schadstofferzeugung auf ein Viertel des Wertes von 1970 gesenkt werden könne. Dann würden die Bevölkerung und Industrie anwachsen, bis eine Grenze durch die Größe der nutzbaren Bodenfläche gesetzt wird. Dann geht die Nahrungsmittelproduktion pro Kopf zurück, und das Industriewachstum verringert sich entsprechend dem Kapitalabfluß in die Nahrungsmittelversorgung.“[73]

Hier liegt die völlig unberechtigte Annahme vor, daß die Bevölkerung zwangsläufig mit der Menge der vorhandenen Rohstoffe und der Abnahme der Umweltverschmutzung wächst. Diese Annahme ist durch nichts gerechtfertigt. Schon heute sinkt die Reproduktionsrate der Bevölkerung faktisch im Weltmaßstab, und kein vernünftiger Mensch in der Welt macht heute Propaganda für eine zunehmende Reproduktionsrate der Bevölkerung im Weltmaßstab. Auch liegt nicht der mindeste Grund für die Annahme vor, daß in Zukunft irgendwelche einflußreichen Kreise, ganz gleich welcher Weltanschauung, eine Politik des Bevölkerungswachstums propagieren würden, die zum Abfluß von Kapital aus der Industrie in die Nahrungsmittelversorgung zwingen würde. Das Modell ermangelt jeder sinnvollen Hypothese.

Das dritte Modell trägt den Titel „Unbegrenzte Rohstoffvorräte, kombiniert mit reduzierter Umweltverschmutzung und erhöhter landwirtschaftlicher Produktivität“. Es „geht davon aus, daß der durchschnittliche landwirtschaftliche Ertrag ab 1975 verdoppelt wird. Zusammen mit reduzierter Umweltverschmutzung und verringerter Rohstofferschöpfung führt dies dazu, daß die Bevölkerungszahl und der Grad der Industrialisierung sehr hohe Werte erreichen. Trotz der Maßnahmen zur Minderung der Umweltverschmutzung ergibt die hohe industrielle Produktion einen derartigen Verschmutzungsgrad, daß das Wachstum zum Erliegen kommt.“[74]

Man stelle sich vor, die guten Leute aus Massachusetts haben unzählige Daten durch die Computer gejagt, um uns die einfache Mitteilung zu machen, daß die Umweltverschmutzung nicht nur pro Fabrik, sondern pro Produkt in der Fabrik zurückgehen muß, denn wenn die Zahl der Fabriken sich gleich bleibt, kann die Umweltverschmutzung doch steigen, wenn nämlich die Produktion pro Fabrik steigt. Das ist ein Modell für Kinderkrippen, nicht einmal für Schulen.

Das vierte Modell heißt „Unbegrenzte Rohstoffvorräte, kombiniert mit reduzierter Umweltverschmutzung und perfekter Geburtenkontrolle". Dazu heißt es: „Statt einer Zunahme der Nahrungsmittelproduktion ist hier eine erhöhte Geburtenkontrolle simuliert. Die Bevölkerung wächst weiter, da die Geburtenkontrolle freiwillig ist und keine weiteren Änderungen bewirkt. Die Krise in der Nahrungsmittelversorgung wird dadurch nur um zehn oder zwanzig Jahre hinausgeschoben."[75]

Offenbar verstehen die Autoren unter „perfekter Geburtenkontrolle" eine freiwillige, das heißt eine Geburtenkontrolle, die den einzelnen Familien das Recht und die Mittel gibt, ihre Familie quantitativ nach eigenem Gutdünken zu gestalten. Das erscheint mir durchaus richtig. Daraus aber den Schluß zu ziehen, daß dann unter allen Umständen eine erweiterte Reproduktion der Familie stattfinden muß, ist nicht nur logisch nicht erlaubt, sondern widerspricht auch der Realität, zeugt von völliger Unkenntnis der Welt. Denn überall, wo in diesem Sinne „perfekte Geburtenkontrolle" herrscht, beobachten wir heute im ganzen nur noch eine einfache Reproduktion der Familie.

Das fünfte und letzte Modell, das wir hier besprechen wollen, hat den Titel „Verlauf bei unbegrenzten Rohstoffvorräten, Bekämpfung der Umweltverschmutzung, erhöhter landwirtschaftlicher Produktion und einer perfekten Geburtenkontrolle". Was zeigt das Modell?

„Gleichzeitig wurden vier verschiedene Maßnahmen simuliert, um der Wachstums- und Verfallerscheinung der zuvor diskutierten Simulationen zu entgehen. 75 Prozent der genutzten Rohstoffe werden wieder der Nutzung zugeführt, die Schadstofferzeugung ist auf ein Viertel des Wertes von 1970 reduziert. Die Landnutzung ist verdoppelt, und wirksame Maßnahmen zur Geburtenkontrolle sind eingeführt. Jetzt wird zeitweilig ein gleichbleibender Bevölkerungsstand erreicht, wobei weltweit fast das Durchschnittseinkommen wie in den USA pro Kopf der Bevölkerung erzielt wird. Schließlich jedoch gerät das industrielle Wachstum wegen Rohstoffverknappung ins Stocken, die Sterberate und die Umweltverschmutzung steigen, während die Nahrungsmittelproduktion fällt."[76]

Dieses Modell ist nun wirklich ein Zeugnis unbeschränkten Wachstums von Unsinn. Bei unbegrenzten Rohstoffvorräten tritt Rohstoffverknappung ein – und auch alles andere geht schief.

Während die Autoren sich keineswegs über den Unsinn ihrer Modellierungen klar sind, erkennen sie, allerdings nur auf wenigen Seiten, die Problematik des rein technologischen Charakters ihrer Ausführungen an und bemerken, daß es auch soziale Probleme, die sie „soziale Nebenwirkungen" technologischer Maßnahmen nennen, gibt. Als Beispiel dafür nennen sie die Auswirkungen der sogenannten Grünen Revolution in Richtung der Verschärfung der „sozialen Ungleichkeit" in der Landwirtschaft durch Bereicherung der Reichen und Verarmung der Armen.[77]

Entsprechend bemerken sie, wenn auch die ersten fünf Worte der folgenden Ausführungen von wahrlich übertriebener Bescheidenheit und Zurückhaltung zeugen:

„Wir würden es sehr begrüßen, wenn die Gesellschaft künftig jede technologische Entwicklung nach folgenden drei Gesichtspunkten begutachten würde, ehe sie übernommen wird:

1. Welche Nebenwirkungen sozialer und physikalischer Art treten bei Anwendung in großem Maßstab auf?

2. Welche sozialen Veränderungen sind notwendig, ehe diese Entwicklung angemessen angewendet werden kann, und welche Zeit werden diese erfordern?

3. Wenn die neue Entwicklung sich erfolgreich auswirkt und natürliche Wachstumsgrenzen beseitigt, welche anderen Wachstumsgrenzen treten dann in Erscheinung? Sind die dann entstehenden Lasten den Lasten vorzuziehen, welche die Neuentwicklung beseitigt?"[78]

Großartig zum Teil! und natürlich ohne jede Ahnung von der gesellschaftlichen Bedeutung des Punktes 2 formuliert! Des Punktes 2, der in zahlreichen Fällen die Antwort geben würde: notwendig, um diese Maßnahme oder Entwicklung wirklich zu realisieren, ist der Übergang zum Sozialismus. Punkt 3 erfordert auch unter sozialistischen Verhältnissen stärkste Aufmerksamkeit. Und auch auf Punkt 1 gilt es zu achten.

Schade, daß die Autoren nicht, bevor sie an ihre Studie gingen, die ganze Problematik unter den hier genannten Gesichtspunkten gründlich durchdacht haben.

Auch sehen sie „Probleme ohne technische Lösungsmöglichkeiten“ wie etwa das folgende: „Jetzt hat das Wachstum der größeren Städte in den USA aufgehört. Fünf der zehn größten Städte – New York, Chicago, Philadelphia, Detroit und Baltimore – wiesen zwischen 1960 und 1970 fallende Bevölkerungszahlen auf. Die Reicheren wandern ab in die expandierenden Vorstädte. In den Stadtkernen herrschen Lärm, Umweltschmutz, Verbrechen, Rauschgiftsucht, Armut, Streikstimmung, die sozialen Einrichtungen sind überlastet und drohen zusammenzubrechen. Die Lebensqualität in den Citys ist gesunken. Das Wachstum wurde abgewürgt, zum großen Teil durch Schwierigkeiten, für die es keine technischen Lösungen gibt . . . Selbst wenn der technologische Fortschritt alle Erwartungen der Gesellschaft erfüllen sollte, könnten sehr wohl Schwierigkeiten ohne technische Lösungsmöglichkeiten das Wachstum von Bevölkerung und Kapital beenden.“[79]

Welch ein wirres ideologisches Durcheinander in diesen Ausführungen zum Problem der Stadtkerne! Und wie klug und einsichtig doch auch manches!

Zuerst: die Autoren der „Grenzen des Wachstums“ geben hier ein vorzügliches Beispiel dafür, daß ein Ende des Wachstums (der Großstädte) keineswegs eine Lösung zu bringen braucht, sondern die Probleme nur noch verschlimmern kann. Sie sehen zwar auch Probleme, die eine soziale Lösung voraussetzen, erkennen dann aber wieder nicht, daß gerade technische Lösungen auf Grund sozialer Veränderungen eine Notwendigkeit sein können.

Immer aber, und das wird gegen Ende ihrer Studie noch deutlicher, plädieren sie, wie auch am Schluß des soeben gegebenen Zitats, für ein Ende des Wachstums von Bevölkerung und Kapital, wobei Kapital für sie identisch ist mit Industrieinvestitionen und Industrieproduktion. „Bevölkerung und Kapital sind die einzigen Größen, die im Stadium des Gleichgewichts konstant bleiben müßten.“[80]

Dagegen – wie freundlich! „Jede menschliche Tätigkeit, die keine großen Mengen unersetzbarer Rohstoffe benötigt oder Schadstoffmengen freisetzt und den Lebensraum schädigt, könnte ohne Beschränkung und praktisch unendlich zunehmen.“[81] Zum Beispiel: vielleicht Murmeln spielen? Die Autoren sind kultivierter als ich und empfehlen zum Beispiel Religion und Musik. Vom technologischen Standpunkt haben sie natürlich recht.

Der sowjetische Politökonom A. Milejkowski bemerkt zu der hier besprochenen Studie unter der Überschrift „Neuer Mythos: ‚Nullwachstum' und ‚ökologische Gesellschaft'" das folgende:

„Laut der USA-Wochenschrift Time verfolgte das Buch das Ziel, ‚eine kopernikanische Revolution im Bewußtsein' zu vollbringen, namentlich durch die darin enthaltene Warnung, daß eine jährliche Zunahme der Industrieproduktion der Welt von 7 Prozent schon Anfang des 21. Jahrhunderts zum Untergang der Zivilisation führen werde, und zwar infolge der Zerstörung der Umwelt.

Soll man noch beweisen, wie sehr der Vergleich mit der kopernikanischen Revolution hinkt? Kopernikus klärte mit seiner Arbeit das von Unwissenheit und mystischen Vorstellungen umnebelte Bewußtsein auf, während das im Auftrag des Klubs von Rom vorbereitete Buch das Bewußtsein verdunkelt, indem es die Werktätigen davon ablenkt, die wirklichen, aus der staatsmonopolistischen ‚Wachstumspolitik' resultierenden Widersprüche des Kapitalismus zu erkennen.

Trotz seiner mehr als zweifelhaften Schlußfolgerungen machte das Buch ‚Die Grenzen des Wachstums' einen starken Eindruck auf einige namhafte bürgerliche Wirtschaftler und Politiker und erschütterte bei manchen von ihnen den Glauben an die ‚Wachstumspolitik'. Zu diesen letzteren gehörte der Vorsitzende einer Kommission der EWG, Sicco Mansholt.

Wie er erklärte, habe ihn die in Massachusetts angestellte Forschung tief erschüttert, da sie die unausweichlichen Folgen der ‚Wachstumspolitik' aufzeigt. Werde diese Entwicklung nicht gesteuert, so müsse 1985–1990 eine große Krise einsetzen und ihren Höhepunkt gegen 2020 erreichen ...

Eine kritische Analyse der in Massachusetts gezogenen Schlüsse, eine Analyse vom Standpunkt der dialektischen Logik, die man von einem Computer nicht erwarten darf, zeigt: Wenn die Möglichkeiten der wissenschaftlich-technischen Revolution vollständig und richtig genutzt werden, so schafft sie die günstigsten Bedingungen für die Erhaltung und Verbesserung der Umwelt. Dafür ist aber, wie schon Karl Marx feststellte, eine gesellschaftliche Produktion nötig, die von gesellschaftlicher Voraussicht gelenkt wird."[82]

Schließlich sei im Zusammenhang mit dem Buch „Die Grenzen des Wachstums“ noch auf eine Problematik eingegangen: Jeder vernünftige Mensch ist sich klar darüber, daß dem Tempo des Wachstums der Bevölkerung in den Entwicklungsländern unter den gegenwärtig (!) dort herrschenden Verhältnissen möglichst schnell Einhalt getan werden muß. Um das zu erkennen, bedürfen wir weder des Massachusetts Institute of Technology noch irgendwelcher Computer-Berechnungen.

Jeder vernünftige Mensch ist sich weiter klar darüber, daß unter allen Umständen und in alle Zukunft der Grad der Umweltzerstörung schnell absinken muß. Auch das kann man ohne Computerberechnungen und Universitätsgutachten erkennen.

Jedoch: während die Einschränkung des Bevölkerungswachstums nicht unbedingt eine Frage der gesellschaftlichen Produktionsverhältnisse sein muß – so war der Trend der Entwicklung nach dem zweiten Weltkrieg der gleiche in West- und Osteuropa –, ist der Kampf gegen die zunehmende Umweltverschmutzung doch wohl in sehr hohem Maße abhängig von den gesellschaftlichen Produktionsverhältnissen.

A. Milejkowski sieht zwei Probleme: die sozialen Kosten des Umweltschutzes und den sozialen Kampf für besseren Umweltschutz.

Zu den sozialen Kosten bemerkt er: „Wir wollen vorausschikken, daß der Schutz der Umwelt und die Maßnahmen gegen ihre Zerstörung zu einer dringlichen Notwendigkeit, einem integrierenden Bestandteil der kapitalistischen Selbstkostenpreise geworden sind. Beim Bau neuer Betriebe müssen die Monopole Ausgaben für Säuberungsanlagen einkalkulieren und auf geschlossene technologische Zyklen hinwirken. Die Automobilbaukonzerne verausgaben große Mittel für die Entwicklung eines neuen Motors, da den alten Wagen mit ihren giftigen Abgasen der Zutritt zu den Städten bald geschlossen sein wird. Ebenso große Ausgaben für die Modernisierung der Produktion müssen auch die anderen Firmen hinnehmen, wenn sie Triebwerke und Geräte alten Typs verwenden, die die Umwelt schädlich beeinflussen.“[83]

Zur Frage des Kampfes für bessere Umweltbedingungen erklärt er: „Immer gefährlicher wird aber das dritte Übel, die Zerstörung der Umwelt. Die werktätigen Massen wollen sich damit nicht abfinden. Gerade deshalb unterbreiten die Verfechter des Kapitalismus ihre utopischen Programme der ‚ökologischen Gesellschaft', gerade deshalb tun die Monopole bestimmte Schritte zum tatsächlichen Umweltschutz, nur um die Bedingungen für die kapitalistische Reproduktion zu gewährleisten. Sie sind dazu nicht nur durch die Verschärfung des Klassenkampfes in den entwickelten kapitalistischen Ländern genötigt, sondern auch durch den Wettbewerb der beiden Systeme. Die Regierungen in der westlichen Welt können nicht so tun, als wüßten sie nichts von den Vorschlägen und den praktischen Maßnahmen zum Umweltschutz und zu einer rationellen Nutzung der Ressourcen unseres Planeten, die die Sowjetunion und die anderen sozialistischen Länder verwirklichen."[84]

Um mit der zweiten Feststellung von Milejkowski zu beginnen, so glaube ich nicht, daß man ihm recht geben kann. Denn einmal tun in den sozialistischen Ländern die Maßnahmen zum Schutze der Umwelt noch keineswegs der fortschreitenden Zerstörung der Umwelt Einhalt. Es wäre gefährlich, die Problematik des Umweltschutzes in den sozialistischen Ländern zu verniedlichen, so wie es manche zuvor mit der Problematik der Einführung der wissenschaftlich-technischen Revolution getan haben. Auch kann nicht die Rede davon sein, daß etwa die Arbeiterklasse in den imperialistischen Ländern die Führung im Kampf gegen die Umweltverschmutzung hat. Dieser Kampf liegt gegenwärtig noch in erster Linie in den Händen der Mittelklassen. Auch in dieser Beziehung wäre es gefährlich, Illusionen zu haben.

Wenden wir uns nun der ersten Problematik, der Kostenerrechnung des Umweltschutzes unter den Verhältnissen des staatsmonopolistischen Kapitalismus zu. Mit dieser Frage hat sich bereits sehr eingehend der liberale englische Politökonom E. J. Mishan beschäftigt[85] – ohne natürlich zu einer Lösung, die den Produktionsverhältnissen des Monopolkapitals entspricht, kommen zu können.

Selbstverständlich kann ein Teil der Umweltschutzkosten – wie etwa die Produktion von weniger gesundheitsschädlichen Autos – auf den Konsumenten abgewälzt werden. In diesem Fall würden die Kosten des Umweltschutzes von den individuellen Monopolen auf die individuellen Käufer ihrer Produkte übertragen werden. Da aber diese Übertragung einen höheren Preis des Produkts des individuellen Monopols bedeutet, würde dieses gegenüber anderen Monopolen mit relativ geringerer Umweltverschmutzung bei ihrer Produktion konkurrenzbenachteiligt sein.

Außerdem gibt es bereits ungeheure Umweltschäden aus der Vergangenheit, die gar nicht mehr individuell geklärt, deren Kosten gar nicht mehr individuell zugerechnet werden können.

Da nun gar kein Zweifel darüber bestehen kann, daß etwas (!) für den Umweltschutz in der Welt des Monopolkapitals getan werden muß, schon getan wird und noch mehr getan werden wird – so ungenügend das auch an sich sein mag –, bietet sich unter staatsmonopolistischen Verhältnissen die staatliche Subvention an Einzelmonopole ebenso wie die Übernahme von zahlreichen Umweltschutzmaßnahmen direkt durch den Staaat an. Wenn Mishan seine Ausführungen mit der Aufforderung schließt, „die Politik der Senkung von industriellen Investitionen zugunsten breitester Neuplanung unserer Städte sowie der Wiederherstellung und Erhöhung der Schönheit vieler unserer Dörfer, Städte und Erholungs-Stätten zu unterstützen", dann ist das natürlich naiv ohne entsprechende Forderungen einer Veränderung der Produktionsverhältnisse – aber daß einiges in dieser Richtung unter dem staatsmonopolistischen Kapitalismus getan werden kann und wird, ist nicht unwahrscheinlich, und daß es auf öffentliche Kosten getan werden wird, ist ebenfalls offenbar.

Was aber bedeutet ein solches Vorgehen volkswirtschaftlich unter den Verhältnissen des staatsmonopolistischen Kapitalismus?

Seit einigen Jahren herrscht eine beachtliche Inflation in den imperialistischen Ländern. Als Hauptursache dafür kann man die ständig steigenden Ausgaben für die Rüstung und für Investitionssubventionen an die Monopole nennen. Kommen jetzt noch Umweltschutzausgaben in größerem Ausmaß dazu, dann wird sich das Inflationstempo noch weiter erhöhen.

Gegen diese Tendenz zur verstärkten Inflation gibt es natürlich nur ein Mittel: der verschärfte Klassenkampf der Werktätigen unter Führung der Arbeiterklasse.

Schlußbemerkungen

Wachstum im Sozialismus

Es gibt im Sozialismus nur ein einziges Wachstum, das unter den Bedingungen einer sozialistischen Welt unter allen Umständen stattfinden muß – und das ist das Wachstum des Wohls der Menschen.

Ansonsten gibt es kein einziges Wachstum, das im Sozialismus unter allen Umständen, an sich gewissermaßen, ohne Zusammenhang mit dem Wohl der Menschen, gefordert wird. Doch können wir uns heute schwer ein Wachstum des Wohls der Menschen vorstellen, das nicht auch anderes Wachstum erfordert – wie die Zunahme des wissenschaftlich-technischen Fortschritts, das Wachstum unserer Erkenntnisse und technischen Fähigkeiten wie Instrumente.

Natürlich können wir uns sehr wohl vorstellen, daß in einigen hundert Jahren (ein winziger Zeitraum in der Geschichte der sozialistischen Gesellschaft!) eine ständige Steigerung der materiellen Produktion für die Befriedigung der materiellen Grundbedürfnisse von Essen, Kleiden, Hausen kaum noch nötig sein wird.

Aber bedeutet das etwa, daß deswegen ein weiteres Wachstum der materiellen Produktion nicht notwendig sein wird? Ganz im Gegenteil! Die Befriedigung der steigenden nichtmateriellen Bedürfnisse erfordert eine steigende materielle Produktion – sei es von Lehr- oder anderen Kulturstätten, sei es von Musikinstrumenten oder Büchern bzw. all dessen, was immer man lesen wird.

Dies prinzipiell und allgemein: die sozialistische Gesellschaft ist eine Wachstumsgesellschaft, die selbstverständlich im Gleichgewicht wächst, und deren Wachstum in Richtung des steigenden Wohls der Menschen unbegrenzt ist.

Man muß jedoch unterscheiden zwischen der sozialistischen

Gesellschaft in einer sozialistischen Welt und der heutigen sich entwickelnden sozialistischen Gesellschaft.

Selbstverständlich kann sich heute das Wohl der Menschen, so wie es die Unterdrückten seit Jahrtausenden irgendwie verstanden haben, als Parameter unserer Gesellschaftspolitik nicht uneingeschränkt durchsetzen, da die Frage des Schutzes des Landes gegen monopolistische Aggression eine unabdingbare Notwendigkeit ist. Manche wollen die Sicherheit vor dem Feind zum Teil des Wohls der Menschen in den gegenwärtigen Umständen rechnen. Ich halte das für falsch. Seit wann trägt der Feind durch seine aggressiven Maßnahmen zur Bereicherung des Begriffs des Wohls der Menschen bei?

Was die Problematik der Entwicklung der Bevölkerung betrifft, so ist es unmöglich vorauszusagen, wie sich die Familienbedürfnisse in den nächsten 50 oder 100 Jahren entwickeln werden. Aber eines kann man wohl voraussehen: wenn die Reproduktionsrate der Bevölkerung zunehmen soll, also im Durchschnitt pro Mutter mehr als eine künftige Mutter geboren werden soll, sind folgende Maßnahmen vordringlich notwendig:

erstens eine ganz starke Zunahme des Baues von vierzimmrigen Wohnungen (zwei Zimmer für die kinderlose Familie, drei Zimmer für die Familie mit zwei Kindern, vier Zimmer für die Familie mit mehr als zwei Kindern),

zweitens eine starke Verbesserung der technischen Einrichtung der Wohnung, insbesondere der Küche,

drittens eine starke Verbesserung der Dienstleistungen.

Alle anderen Maßnahmen können sich als nützlich erweisen, werden aber ohne die hier genannten drei kaum besonders wirksam sein.

Was das Wachstum der Industrie betrifft, so ist es selbstverständlich, daß wir auf längere Sicht alles tun werden, um es möglichst stark zu fördern, und das gleiche gilt für die Produktion der Landwirtschaft. Solange die primitivsten materiellen Bedürfnisse in der Welt noch so ungenügend befriedigt werden wie heute, so lange es noch Länder gibt, in denen eine große Zahl von Menschen hungert, schlecht gekleidet ist und unter schlimmen Wohnungsverhältnissen lebt, werden wir – ganz gleich wie befriedigend der materielle Lebensstandard bei uns in den sozialistischen Ländern ist – unsere Produktion zur Befriedigung der materiellen Bedürfnisse weiter steigern . . . in schärfstem Gegensatz zu den imperialistischen Ländern, in denen trotz der Not in den Entwicklungsländern die landwirtschaftliche Produktion zum Beispiel seit Jahren gedrosselt wird.

Betreffend den Umweltschutz, ist die Situation grundlegend verschieden in einer entwickelten sozialistischen Welt und heute in den sozialistischen Ländern. In jener wird das Problem der Umweltschädigung insofern verschwunden sein, als ihre Verhinderung genauso zu den Produktionskosten gerechnet wird wie etwa die Löhne. In den sozialistischen Ländern, die erst einen Teil der Länder dieser Erde umfassen, nimmt heute die Umweltverschmutzung noch ständig zu, da die Kosten ihrer Verhinderung weit höher sind, als es sich die sozialistische Gesellschaft angesichts des Weltklassenkampfes leisten kann. Wir geben natürlich seit kurzem beachtliche Summen aus, um ihre zu starke Steigerung zu vermeiden. Aber hier haben wir zweifellos ein Wachstum mit ernsten negativen Folgen, die wir im Laufe der nächsten Zeit mit allen Mitteln, die wir zur Verfügung stellen können, bekämpfen werden.

Auch in diesem Zusammenhang haben für uns die Verhandlungen über die europäische Sicherheit, über Rüstungsstopp und Abrüstung große Bedeutung. Denn es ist offenbar, daß schon jede relative Minderung der Ausgaben für unsere Verteidigung uns größere Mittel für den Umweltschutz sichert.

Bleibt von den 5 Problemen der „Grenzen des Wachstums" noch das der Regeneration von Rohstoffen bzw. das der Rohstoffreserven. Selbstverständlich haben wir heute auch Rohstoffprobleme, und die imperialistischen Länder versuchen so manches, sie, sei es durch Kontrolle der Rohstoffproduktion in einzelnen Entwicklungsländern, sei es durch Aufkäufe auf dem Weltmarkt, zu vergrößern. Aber das sind Ärgerlichkeiten für uns und keine fundamentalen Probleme, die wir nicht mit dem Fortschritt des Sozialismus in der Welt und mit dem Fortschritt der Technik in den sozialistischen Ländern zur vollen Befriedigung unseres Rohstoffbedarfs lösen könnten.

Das heißt, alle Probleme, die die Autoren als „fundamentale Weltprobleme" aufgerollt haben, sind in den sozialistischen Ländern heute entweder überhaupt keine Probleme oder solche, die im Laufe der Zeit gelöst werden. In einer sozialistischen Welt, in der der Sozialismus überall gesiegt haben wird, werden sie alle schnell gelöst sein.

Anmerkungen

1 W. Heise, Aufbruch in die Illusion, Berlin 1964, S. 386

2 G. Lukács, Die Zerstörung der Vernunft, Berlin 1954, S. 653

3 Marx/Engels, Werke, Bd. 4, Berlin 1959, S. 467 f.

4 W. Rathenau, Zur Kritik der Zeit, Berlin 1912, S. 60 u. S. 135

5 W. Dilthey, Gesammelte Schriften, VIII. Band, Leipzig und Berlin 1931, S. 79

6 K. Jaspers, Die geistige Situation der Zeit, Berlin/Leipzig 1931, S. 6 u. S. 25

7 Marx/Engels, Werke, Bd. 4, a. a. O., S. 474

8 J. Ortega y Gasset, Der Aufstand der Massen, Hamburg 1970, S. 7

9 Ebenda

10 H. de Man, Vermassung und Kulturverfall, Bern 1952, S. 21

11 E. Spranger, Leben wir in einer Kulturkrise?, in: Wo stehen wir heute?, Gütersloh 1960, S. 15

12 G. S. Stent, The coming of the golden age. A view of the end of progress, New York 1969, S. 110 f. u. S. 87

13 „Sciences: Endless Horizonts or Golden Age?", abgedruckt in „Science", Vol. 171, Number 3966, 8 January 1971, Washington D. C., S. 23

14 Vgl. zum folgenden J. Kuczynski, Kapitalistische Wirtschaftslage und Wirtschaftstheorien, in: „horizont", 5. Jg., Nr. 49, Berlin 1972

15 H. Meißner, Theorie des Wirtschaftswachstums. Hoffnung und Dilemma der bürgerlichen Ökonomie (Reihe „Zur Kritik der bürgerlichen Ideologie", Bd. 20), Berlin 1972, S. 10 f.

16 Handwörterbuch der Sozialwissenschaften, Stuttgart/Tübingen/Göttingen 1965, S. 764

17 K. Marx, Das Kapital, Erster Band, in: Marx/Engels, Werke, Bd. 23, Berlin 1962, S. 21

18 Ebenda

19 J. Kuczynski, Das magische Viereck, Marxistische Taschenbücher, Frankfurt (Main) 1971, S. 17

20 P. A. Samuelson, Volkswirtschaftslehre, 3. Aufl., Bd. 1, Köln 1964, S. 434 ff.

[21] A. W. Phillips, Economica, Jg. 38, London 1958, S. 283 ff.
[22] L. A. Hahn, Ewige Hochkonjunktur und Kommandiertes Wachstum, Tübingen 1967, S. 13 f.
[23] Vgl. „Frankfurter Rundschau", Frankfurt (Main), 26. 4. 1972, S. 7
[24] J. Ortega y Gasset, a. a. O., S. 38 f.
[25] Für die Quellen und Methoden der Berechnung vgl. J. Kuczynski, Population and Food Resources, in: „Labour Monthly", Vol. 54, No. 11, London 1972
[26] Vgl. zum folgenden auch J. Kuczynski, Wissenschaft heute und morgen, Berlin 1973
[27] Vgl. seine Bücher Science since Babylon, New Haven 1961, und Little Science, Big Science, New York 1963
[28] H. Arntz, Dokumentation und Druckindustrie, Köln und Opladen 1972, S. 35 f.
[29] G. M. Dobrow, Wissenschaftswissenschaft, Berlin 1969, S. 301
[30] G. M. Dobrow, Prognostik in Wissenschaft und Technik, Berlin 1971, S. 78
[31] J. W. Goethe, „Paralipomena I, Lesarten", Sophienausgabe, II. Abtlg., Bd. XI, S. 370
[32] Vgl. dazu die Studie der UNO, Department of Economic and Social Affairs, Population Studies, No. 48, „A concise summary of the world population situation in 1970", New York 1971
[33] Statistisches Jahrbuch der Deutschen Demokratischen Republik – für einige Länder ergänzt durch Statistisches Jahrbuch der BRD
[34] Der erste Artikel aus einem sozialistischen Land, der sich nach dem zweiten Weltkrieg mit der Haltung des Marxismus zu Bevölkerungsfragen in tiefergehender Einschätzung der Verhältnisse beschäftigte, war wohl J. Kuczynski, Population theories and Marxism, in: „Labour Monthly", Vol. 46, London 1964
[35] P. R. Ehrlich, The population bomb, hier zitiert nach der englischen Ausgabe von 1971; das Copyright ist 1968 datiert.
[36] D. Meadows/E. Zahn/P. Milling, Die Grenzen des Wachstums, Stuttgart 1972, S. 9
[37] Ebenda, S. 15
[38] Ebenda
[39] Ebenda, S. 17
[40] Ebenda
[41] Vgl. dazu J. Kuczynski, Das Ideal des „Null-Wachstums", in: IPW-Berichte, Heft 6, Berlin 1972, S. 49 f.
[42] W. I. Lenin, Drei Quellen und drei Bestandteile des Marxismus, in: Werke, Bd. 19, Berlin 1962, S. 4
[43] Steigerung der Weltindustrieproduktion: 1855/64–1865/74: 43 Prozent; 1860/69–1870/79: 38 Prozent; 1865/74–1875/84: 33 Prozent.

(Vgl. J. Kuczynski, Geschichte der Lage der Arbeiter unter dem Kapitalismus, Bd. 37, Berlin 1967, S. 17)

44 G. Myrdal, A contribution towards a more realistic theory of economic growth and development, in: Mondes en Développement, Paris, 3/1972

45 First Annual Report of the Council on Environment, Washington D. C. 1970, S. 158

46 D. Meadows u. a., a. a. O., S. 51

47 K. Marx, Das Kapital, Dritter Band, in: Marx/Engels, Werke, Bd. 25, Berlin 1964, S. 784

48 Vgl. K. Marx, Das Kapital, Erster Band, in: Marx/Engels, Werke, Bd. 23, Berlin 1962, S. 528

49 E. Rechtziegler, Grenzen des Wachstums oder Krise des Imperialismus?, in: IPW-Berichte, Heft 8, Berlin 1972, S. 20 f.

50 D. Meadows u. a., a. a. O., S. 118

51 Th. S. Lovering, Mineral resources from the land, in: Resources and man, San Francisco 1969, S. 122 f.

52 D. Meadows u. a., a. a. O., S. 118

53 Ebenda

54 G. E. Hutchinson, The Biosphere, in: „Scientific American", September 1970, S. 53

55 D. Meadows u. a., a. a. O., S. 72 f.

56 K. Marx, Das Kapital, Dritter Band, in: Marx/Engels, Werke, Bd. 25, Berlin 1964, S. 260

57 K. Marx, Das Kapital, Erster Band, in: Marx/Engels, Werke, Bd. 23, Berlin 1962, S. 529/530

58 E. Rechtziegler, a. a. O., S. 17 ff.

59 D. Meadows u. a., a. a. O., S. 73

60 C. C. Patterson and J. D. Salvia, Lead in the modern environment, in: „Scientist and Citizen", April 1968, S. 66

61 D. Meadows u. a., a. a. O., S. 71

62 Bericht des Zentralkomitees an den VIII. Parteitag der SED. Berichterstatter: Erich Honecker, Berlin 1971, S. 5

63 E. Rechtziegler, a. a. O., S. 19

64 Vgl. dazu P. Shellard, Men and machines 1717–1896, London 1970, S. 35

65 Fr. W. Notestein, Zero population growth: what is it?, in: „Family Planning Perspectives", No. 2, Juni 1970

66 D. J. Bogue, Principles of demography, New York 1969, S. 828

67 R. B. Fuller, Comprehensive design strategy, world resources inventory phase II, Carbondale, Ill. 1967, S. 48

68 D. Meadows u. a., a. a. O., S. 116 f.

69 Vgl. P. Hess, Kapitalistisches Wachstum zwischen Gleichgewicht und Ungleichgewicht, in: Wirtschaftswissenschaft, Berlin, 5/1969, S. 737

[70] Unternehmerbrief des Deutschen Industrieinstituts, Köln, 17/1972, S. 7 – Ähnlich auch „Finanzierung und Entwicklung", Vierteljahresheft des Währungsfonds und der Weltbankgruppe, Nr. 4, 9. Jg., Hamburg, Dezember 1972, S. 2 ff.

[71] E. Rechtziegler, a. a. O., S. 23

[72] D. Meadows u. a., a. a. O., S. 119

[73] Ebenda, S. 123

[74] Ebenda, S. 125

[75] Ebenda, S. 126

[76] Ebenda, S. 127

[77] Ebenda, S. 132 ff.

[78] Ebenda, S. 140

[79] Ebenda, S. 135 f.

[80] Ebenda, S. 157

[81] Ebenda

[82] „Neue Zeit", Nr. 49, Moskau 1972, S. 19 – Nach Fertigstellung dieses Büchleins erschien auch in England eine interessante, vielfach gut fundierte, sehr ausführliche Kritik der Theorie des Null-Wachstums: „Thinking about the future. A critique of the limits to growth", London 1973, 218 S.

[83] Ebenda

[84] Ebenda

[85] The cost of economic growth, London 1967

Namenverzeichnis

Zur Kritik der bürgerlichen Ideologie

HERAUSGEGEBEN VON MANFRED BUHR

unter Mitwirkung von

GUY BESSE (Paris) · ANDRÁS GEDÖ (Budapest)
M. T. JOWTSCHUK (Moskau) · TODOR PAWLOW (Sofia)
VLADIMIR RUML (Prag)
ROBERT STEIGERWALD (Frankfurt/Main)

1. ILEANA BAUER/ANITA LIEPERT
Sirenengesang eines Renegaten oder Die „große Wende" Roger Garaudys

2. ALEXANDER ABUSCH
Tradition und Gegenwart des sozialistischen Humanismus

3. WALTER JOPKE
Ideologischer Klassenkampf und sozialistisches Bewußtsein

4. N. MOTROSCHILOWA/J. SAMOSCHKIN
Marcuses Utopie der Antigesellschaft

5. GERTRAUD KORF
Ausbruch aus dem „Gehäuse der Hörigkeit"?
Kritik der Kulturtheorien Max Webers und Herbert Marcuses

6. JURI DAWYDOW
Die sich selbst negierende Dialektik
Kritik der Musiktheorie Theodor Adornos

7. JOACHIM STREISAND
Kritische Studien zum Erbe der deutschen Klassik
Fichte — W. v. Humboldt — Hegel

8. ANDRÁS GEDÖ
Der entfremdete Marx
Zur existentialistisch-„humanistischen" Marxismus-Deutung

9. GEORG MENDE
Philosophie und Ideologie
Marxistisch-leninistische Polemik in philosophiehistorischer Bewährungsprobe

10. WILHELM RAIMUND BEYER

Die Sünden der Frankfurter Schule

Ein Beitrag zur Kritik der „Kritischen Theorie"

11. HARALD WESSEL

Philosophie des Stückwerks

Eine Auseinandersetzung mit dem neupositivistischen „kritischen Rationalismus"

12. ANDRÁS GEDÖ/MANFRED BUHR/VLADIMIR RUML

Die philosophische Aktualität des Leninismus/Zur Aktualität der Leninschen Positivismus-Kritik/Positivistische „Philosophie der Wissenschaft" im Lichte der Wissenschaft

13. WILHELM GIRNUS

Zur „Ästhetik" von Georg Lukács

Zweitausend Jahre Verfälschung der aristotelischen „Poetik"
Kunst und Geschichte

14. HERMANN KLENNER

Rechtsleere

Verurteilung der Reinen Rechtslehre

15. ROBERT STEIGERWALD

Marxistische Klassenanalyse oder spätbürgerliche Mythen

Lenin-Verfälschung in der BRD/„Links"-revisionistische Sozialismus-Kritik/Bürgerliche Ideologie in linker Verkleidung/Antikommunismus – seine Grundmythen und Grundmechanismen

16. GÜNTER WETTSTÄDT

„Industriegesellschaft" – „Ostpädagogik" – Antikommunismus

17. ROLF BAUERMANN/HANS-JOCHEN RÖTSCHER

Dialektik der Anpassung

Die Aussöhnung der „Kritischen Theorie" mit den imperialistischen Herrschaftsverhältnissen

18. WALTER HOLLITSCHER

„Kain" oder Prometheus?

Zur Kritik des zeitgenössischen Biologismus

19. ERHARD ALBRECHT

Bestimmt die Sprache unser Weltbild?

Zur Kritik der gegenwärtigen bürgerlichen Sprachphilosophie

20. HERBERT MEISSNER

Theorie des Wirtschaftswachstums
Hoffnung und Dilemma der bürgerlichen Ökonomie

21. PETER REICHEL

Verabsolutierte Negation
Zu Adornos Theorie von den Triebkräften der gesellschaftlichen Entwicklung

22. LADISLAV HRZAL

Die Auseinandersetzung mit dem Revisionismus und dem Antikommunismus
während der krisenhaften Entwioklung in der ČSSR 1968/69

23. BERND P. LÖWE

Klassenkampf oder sozialer Koflikt?
Zu den Gleichgewichts- und Konflikttheorien der bürgerlichen politischen Soziologie

24. PANAJOT GINDEV

Die Diktatur des Proletariats und ihre „Kritiker"

25. HERMANN LEY

Über die Schwierigkeiten des Einzelwissenschaftlers
Des Biologen Jacques Monod Kritik am historischen Materialismus und der Zwang zur Philosophie in den Naturwissenschaften

26. HUBERT HORSTMANN

Der Physikalismus als Modellfall positivistischer Denkweise

27. GEORG KLAUS

Kybernetik – eine neue Universalphilosophie der Gesellschaft?

28. HANS SCHULZE

Sozialdemokratismus zwischen Entideologisierung und Reideologisierung

29. ROLAND MEISTER

Ideen vom Weltstaat und der Weltgemeinschaft im Wandel imperialistischer Herrschaftsstrategien

30. G. BESSE/P. CAZELLE/P. JAEGLÉ/J. METZGER/J. MILHAU/J. NINIO/P. ROUBAUD

Kritische Betrachtungen zu Jacques Monods „Zufall und Notwendigkeit"

Erschienen im Akademie-Verlag, 108 Berlin,
Leipziger Str. 3–4

Lizenznummer: 202 · 100/25/73
Gesamtherstellung: IV/2/14 VEB Druckerei
»Gottfried Wilhelm Leibniz«,
445 Gräfenhainichen · 4130
Umschlaggestaltung: Willi Bellert
Bestellnummer: 752 451 4 (2149/31) · LSV 0165
Printed in GDR
EVP 3,–

Bei Fragen zur Produktsicherheit wenden Sie sich bitte an:
If you have any questions regarding product safety,
please contact:

Walter de Gruyter GmbH
Genthiner Straße 13
10785 Berlin
productsafety@degruyterbrill.com